名师名校名校长

凝聚名师共识
固本名师关怀
打造名师品牌
培育名师群体

顾明远题

青年教师专业发展『三重奏』

游云云◎著

中国文联出版社

图书在版编目（CIP）数据

青年教师专业发展"三重奏"／游云云著. — 北京
中国文联出版社，2024.3
ISBN 978-7-5190-5486-1

Ⅰ. ①青… Ⅱ. ①游… Ⅲ. ①青年教师—师资培养—
研究 Ⅳ. ①G451.2

中国国家版本馆CIP数据核字（2024）第061935号

著　　者　游云云
责任编辑　刘　旭
责任校对　秀点校对
装帧设计　刘贝贝　李　娜

出版发行　中国文联出版社有限公司
社　　址　北京市朝阳区农展馆南里10号　　邮编　100125
电　　话　010-85923025（发行部）　010-85923091（总编室）
经　　销　全国新华书店等
印　　刷　北京四海锦诚印刷技术有限公司

开　　本　710毫米×1000毫米　　1/16
印　　张　13.75
字　　数　217千字
版　　次　2024年3月第1版第1次印刷
定　　价　58.00元

序

行稳，方能致远

一转眼，游云云老师从教已15年了。

这15年里，他从基层班主任默默干起，慢慢成长为学校中层，进而走上了学校校级管理岗位；他从一线语文教师扎实做起，成了区级名师，进而成了市级名师、广东省中小学“百千万人才培养工程”初中文科名教师培养对象。他用15年的成长经历告诉我们，成功从来没有捷径！行稳，方能致远！

游云云老师是一个喜欢读书的人。他阅读过的书、参加过的会、聆听过的讲座等，其精华都会被他记在笔记本上。他的笔记记得认真齐整，字正行清。几年下来，厚厚的一摞笔记本跟书法字帖一样！记一本笔记并不难，难的是年年记笔记，难的是年年笔记都是如此工整清晰。光明区有几次新教师全员培训，主办单位曾邀请游云云老师在会上做经验分享。当一叠工整如斯的笔记本放在新辈的面前，那是一种怎样的震撼！我相信，这种情境式的翻阅可能比讲座更能让与会者动容。我曾拿着游云云老师的几本笔记本到教育局领导面前做过专门汇报，也曾在省教研员冯善亮老师面前推荐过游云云老师的笔记本。看过之后，他们都不约而同地感叹道：这个老师很难得！

在其后的几年，冯善亮老师先后推荐游云云老师在2016年广东省初中语文复习课教学研讨会、2018年全国第四届“三新”作文教学研讨会、2019年中南六省（区）作文教学展示交流活动上现场执教写后指导公开课。光明区文体教育局原局长点名要与游云云老师在全区进行一次“别有风味”的《娄山关》同课异构教学。

这，就是一如既往的读与记的力量！

课堂就是教师的价值所在，作为一名初中语文教师，赢得课堂便能赢得尊重与收获。我曾经随场听过游云云老师执教的《爱莲说》《出师表》《散步》等课，他能依体而教、依质而教、依生而教，颇有章法。2012年在深圳市初中语文文言文阅读教学大赛中，游云云老师以区赛第一名出线，并代表光明区参加了比赛，执教的篇目是《醉翁亭记》。同时，他参加了广东省初中文言文教学设计专题研修班，结识了许多教学名家。回来后，他又在文本细读、教学设计、引导点拨、板书设计等方面做过很多尝试，有了自己的思考与研究，相继发表了《文言实词高效教学初探》《寻找图形板书的创意点》等论文。2013年，我带着他到清远市连南瑶族自治县进行教学交流，清远市清新区的教研员王延龄老师听课结束后立马写下了听课观感《连南飘来光明的"云"》，对游云云老师的课大加赞赏。这次教学交流虽然颇为曲折坎坷，但却扎实稳固，为他今后的发展奠定了很好的基础。

偶然有一次听游云云老师讲初三写作指导课，突然发现他在写作教学方面也有独到的见解与设计。写作教学，既冷门又热门，既是难点又是最好的突破点。于是，他埋头苦读了王荣生、郑桂华、黄厚江、邓彤、荣维东、周子房等名家的写作教学论著，对写作教学特别是在写后指导这一部分有独到的研究。游云云老师认为，写后指导课首先需要分析学生的写作样本，研究学生的写作行为和写作状态，在诊断学生问题的基础上不断追问原因，从而确定写后指导课要教什么；写后指导课要立足解决问题以及在解决问题的过程中要为学生搭建有效的"学习支架"，如概念支架、例文支架、思路支架、语言支架等，让学生利用支架，逐级攀登。2014年，应广东省教育研究院支教之约，游云云老师参加了在河源市龙川县举行的写作教学观摩活动。在这次写作教学中，学生在"选点"和"细描"时出现了思维凝滞，游云云老师通过"唤醒还原"为学生搭建了口头讲述的写作支架，正是这个支架的巧妙搭建，使得这节作文课在"选点描写"环节精彩纷呈，新意频出。

这一次的写作教学大大地提升了游云云老师的信心，也让冯善亮老师看到了他的潜能，于是才有了"基于习作问题解决的记叙文写后指导"省级课题的研究。也正由于这个课题，游云云老师与学员共同探讨，不断摸索，逐渐总结出写后指导课教学设计的一般流程：“习作诊断，确定选点目标；精选病文，呈现主要问题；搭建支架，开发写作知识；运用知识，修改升格病文；作业布置，反馈指导效果。”一言以蔽之，即“立足解决问题，定目标，搭支架，优化过程指导”。他先后受邀到很多地市讲写作教学示范课，得到了与会专家的广泛好评。三年的课题研究期间，他和他的工作室成员先后发表写作教学论文、课例20余篇。

这，就是一以贯之的教与思的魅力！

游云云老师是从班主任做起的。他认为，要做好一名班主任，首先自己得做到“工作态度要积极，工作方法要智慧，工作关系要融洽”。作为校级领导，游云云老师认为，要做好一名校级领导，首先自己得做到“能服众、会引领、肯务实、善反思”。无论是班主任建设还是学校管理，在他那里都贯穿一个核心：打铁还须自身硬，尊重顺应重和谐。前者强调的是自身的表率作用，后者强调的是营造和谐关系。他做班主任时，充分尊重学生，顺应学生个性，宽严相济，因材施教，因此师生关系和谐，家校关系同步。他做校级领导时，维护教师尊严，顺应教师特性，因材施用，因此他的管理工作做得得心应手，风生水起。为了让更多的教师适应管理需求，他引领同事向前辈学习，了解前沿动态，掌握管理技能，熟知工作方法，一边“拉车”，一边“看路”，一边对学校管理工作进行思考总结。他归纳提炼出学校管理五个“重在”：行政管理重在“授权”、教学管理重在“落实”、教师管理重在“激励”、学生管理重在“唤醒”、自我管理重在“修炼”。这种纲要式的经验总结，为同行提供了可学习借鉴的经验。

这，就是始终如一的顺与领的效应。

我曾经多次“提醒”游云云老师，适当的时候可以把自己的一些思考写成书，他总说，课题还没有做完，没什么东西可写，还是慢一点、稳一点。这一次，他终于把原来在班主任、校级岗位及教学上的初步思考编印成册，让我格外欣喜。在名家眼里，本书内容可能略显稚嫩，但书里有他个人的成长经历，有他逐渐蝶变的印迹，最为关键的是有他自己独到的眼光，深刻的思考，闪光实用的经验。从这一点上说，本书至少起到了抛砖引玉的作用，我拭目以待。

突然想到一句话：最渴望成功的时候往往最难成功。只有踏踏实实地学习和实践，厚积而薄发，不图一时之侥幸，不争一日之短长，才能让成功离我们不那么遥远。

是为序，与游云云老师共勉！

刘小华

2023年8月8日

目 录

绪 论

上篇 班级管理

中篇　学科教学

下 篇 学校管理

后 记

绪 论

青年教师专业发展的“三重奏”

“三重奏”是一种乐曲体裁或演奏形式，由钢琴、小提琴和大提琴组成，三件乐器各自独立，三个声部产生共鸣。教师专业发展有多个领域、多种策略。如果充分协调这些领域，综合运用多种策略，就能使教师专业发展如“三重奏”般达到和谐共生、相得益彰的美妙境界。

青年教师有扎实的知识储备、系统的学术训练、亲近的师生关系，并渴望成为一名好老师。如果青年教师的培训工作能因势利导，减少他们摸索的迷惘，增强他们踏上三尺讲台的幸福初体验，就能使他们走上专业发展的“快车道”。

一、青年教师专业发展的三个领域

青年教师走上工作岗位，其专业发展包括学科教学、班主任工作和学校管理三个领域。其中，学科教学是最宽广的领域，各科教师都有各自学科教学专业发展的广阔空间；班主任工作是最贴近“育人”的领域，班主任和班级学生接触最频密、交流最充分，对学生的影响也最大。虽然带领团队完成任务达成目标，都涉及“管理”，但学校管理处在“金字塔的顶端”“天花板”显而易见。

（一）学科教学

学科教学是教师业务能力的集中体现。习近平总书记指出：“扎实的知识功底、过硬的教学能力、勤勉的教学态度、科学的教学方法是老师的基本素质。”刘庆昌教授在《教师的功夫与境界》中提出，教师需要的功夫主要包括两个方面：一是知识的功夫，二是教学的功夫。青年教师学历高，学科知识储备较为丰厚，欠缺的是教学的功夫。对于青年教师来说，可从三个方面提升教学的功夫：一是提升教学基本功；二是丰富课程与教学论的知识，准确把握学科教学教什么、怎么教，准确解读教材，教学设计符合认知规律，教学方法贴合学情；三是做好课堂的组织和调控，把控好课堂纪律，把握好教学节奏，调动学生课堂学习、思考问题的积极性。

（二）班主任工作

有人认为班主任工作就是“管学生”，这是一种误读。班主任是班级活动的组织者、团队建设的指导者、学生成长的引领者，也是家校、师生关系的协调者。因此，班主任工作绝非“管学生”那么简单，它需要教师具备良好的专业能力和综合素质。班主任专业领域值得研究的内容很多：从班级管理的工作类别看，有班级管理实务、班级氛围营造、班级文化提炼、家校携手共育等；从班级管理的工作方法看，有班干部的选拔培养、班会课的系列设计、班级活动的组织协调、问题学生的诊断转化等。青年教师要认识到这一点，以专业的态度、专业的精神从事班主任工作，要努力成为一名合格的班主任、好班主任，争取成长为名班主任。

（三）学校管理

学校管理是指管理者对学校各项工作进行计划、组织、调控和评价的活动，具体包括规划学校发展、营造育人文化、领导课程教学、引领教师成长、优化内部管理和调适外部环境等。“不想当将军的士兵不是好士兵。”青年教师可以抱有类似的想法，但一定要脚踏实地，万不可好高骛远。只要用心“教书育人”，在哪个岗位都能“为党育人、为国育才”。

二、青年教师专业发展的三个层面

从新入职教师到专家型教师，专业发展贯穿于教师的整个职业生涯，是一个循序渐进的动态过程。在这个动态过程中，青年教师要从三个层面努力，夯实专业发展的根基，建构专业发展的大厦。

（一）干得好

干得好，就是所承担的教育教学工作干得扎实、有效、出色。

工作要干得好，首要的是构建良好的师生关系。所谓“安其学而亲其师，乐其友而信其道”说的就是这个道理。构建良好的师生关系，教师要涵养师德，以高尚的人格赢得学生尊敬，用模范的言行为学生树立榜样，要尊重学生，己所不欲，勿施于人。己之所欲，慎施于人，不要把自己的意愿强加到学生身上，也不要轻率地认为自己说的都是“铁律”，学生必须听、必须做，要理解学生，和学生的心弦对准音调，在尊重和理解的基础上，因势利导、水到渠成地进行教育；要公平对待每个学生，不因家庭背景、学习成绩的好坏而区别对待。对学困生而言，他们求学的路崎岖又迷茫，更要让他们在有限的求学生涯中，充分感受到教师的爱。

工作要干得好，必须创设有趣的课堂。在学校，学生的大部分时间在课堂上度过。教师要想办法让自己的课堂有意义也有意思，用引人入胜的导入、激活思维的设计、联系生活的情境、充分展示的机会来吸引、调动学生。教师的语言要生动、形象、优美，“像蜜一样地黏住学生”。课堂怎么才叫有趣？很多学生游离于课堂之外，时不时回头看看挂在后墙的时钟，这样的课堂何来“有趣”？教师自说自演，学生恍若观众，没有思维的提升，这样的课堂岂不是哗众取宠？有趣的课堂，必然是学生学得兴趣盎然，教师能感受到教学相长的快乐的课堂。

工作要干得好，还必须注重高效的落实。中小学生的认知有其发展的规律，所谓“抓反复，反复抓”，检查落实和适度训练都是必要的，在“双减”背景下，教师一定要注重当堂落实和分层作业。不研究如何高效落实，减负提质就是“空中楼阁”。

（二）说得好

说得好，是指在工作做得好的同时，还能把思路、策略和效果说清楚、讲明白。为什么要强调说得好？对教师来说，语言表达能力是夯实职业基础，支撑终身发展，适应时代要求的关键能力。课堂教学靠的是教师的表达能力，学生思想工作、家校沟通工作也需要教师具有良好的表达能力。话说得清楚明白是基本要求，说得入情在理，才能让人信服；说得文质兼美，才能让人如沐春风。只有浸润在好的语言环境中，学生才能潜移默化地提高语言表达能力。

（三）写得好

写得好，就是教师能把所思所想、所行所悟，付诸笔端，凝结成文。

常有这样的经验，事情想得很清楚，与人交流也能完整表达，但下笔成文时，却倍感艰难。这是因为“写”必须考虑思考的深入、思维的缜密、行文的逻辑、语言的精准。从一般迈向优秀，“写”是必然要跨上去的台阶。青年教师不要畏惧“写”，从课堂教学反思、班级活动方案开始写起，写着写着，就顺手了，就提升了。

干得好、说得好、写得好三者中，干得好是基础。扎扎实实地躬耕班级、深耕课堂，及时进行反思、交流、总结，根基才能深厚，发展才有后劲。

三、青年教师专业发展的三个策略

策略是指实现目标的方法和方案的总和。教育教学工作兼具科学性、人文性和艺术性，是真、善、美的结合。把握科学之真，跟教师的勤奋、用心相关；浸润人文之善，与教师的品德、人格相关；感受艺术之美，和教师的天赋、悟性相关。因此，教师专业发展因人而异，但也有一些被实践证明行之有效的共性策略。

（一）问题意识

对教师而言，问题意识就是在教育教学工作中能意识到一些难以解决的瓶颈、存在疑惑的问题，并产生一种突破或探究的心理状态。问题意识能驱动教师反思自己的工作、思考突破的办法并付诸行动。问题意识从哪里来？“学而不思则罔”“吾日三省吾身”，问题意识从审视反思中来。接手一个新的班级，如果班风学风不好，怎么改进？用心设计的一节课，课堂气氛却很沉闷，预设和生成落差很大，什么原因？……经常做这样的思考，就是在提升自己的问题意识。

（二）实践研究

中小学教育教学工作有理论性，但更突出的是实践性，这决定了实践研究应该是中小学教师进行课题研究的主要方式。一线教师做课题必须考虑其在实践中的应用价值，要让课题研究源于实践、指导实践。思而不行，既殆且空，谋定而后动，这才是实践研究。青年教师可从两方面切入实践研究：一是深入实践，提炼经验，推广应用，进行经验理论化；二是发现问题、分析问题，寻求理论支撑，着力解决问题，总结实践经验。两种思路互为补充，相辅相成。

（三）读写结合

“教师要把读书当作第一精神需要！”青年教师要有意识地读教育经典、读学科教学核心期刊、读为孩子写的书或者孩子写的书，这是为教育教学打底子。入职之初，青年教师往往班主任和学科教学工作双肩挑，时间常不够用，在这种情况下，青年教师也要挤出时间进行专题阅读，要以实践难点为圆心，广泛挑选与之相关的书目进行专题阅读，学以致用，以求突破难点、解决问题；要有意识地写读书笔记，记录问题解决的过程，积累研究的第一手资料。读和写是专业发展的两翼，振动两翼，青年教师才能展翅翱翔。

策略就像工具，工具的使用与否关键取决于人。一个不热爱孩子的教师从事教育工作，就像苏霍姆林斯基说的，是他本人的不幸，更是学生的灾难。而当一名教师真正地理解了教师工作的意义和神圣的使命的时候，他才会爆发出对教育工作的热情来。因此，青年教师要深刻认识立德树人的使命责任，不断地提升人格魅力和思想境界，让生命与使命同行，理想和信仰永在！

参考文献

［1］习近平总书记教育重要论述讲义编写组. 习近平总书记教育重要论述讲义［M］. 北京：高等教育出版社，2020.

［2］刘庆昌. 教师的功夫和境界［J］. 教育理论与实践，2007（14）.

［3］陈丽. 义务教育学校校长专业标准：要点·行动·示例［M］. 北京：北京师范大学出版社，2014.

［4］B. A. 苏霍姆林斯基. 给教师的建议［M］. 杜殿坤,编译. 北京：教育科学出版社，1984.

［5］袁振国. 校长的第一使命［J］. 上海教育，2015（28）.

（本文获2022年深圳市光明区“光明杯”教育教学论文评比一等奖）

上篇

班级管理

为孩子的未来撑起一片湛蓝的天空

——致七（3）班全体家长的一封公开信

尊敬的家长：

您好！感谢您在百忙之中抽出时间来阅读我的这封信，共同商讨孩子的成长大事；共同面对和解决孩子在八年级可能会面临的学业问题；共同为孩子的未来撑起一片湛蓝的天空。

从七年级担任您孩子的班主任起，至今已经一年多了。感谢您对我的工作给予充分理解和大力支持。因为您的支持和配合，我们的教育教学工作蒸蒸日上，班风学风日渐纯正，整个班级呈现出积极向上的精神风貌。

一年来，我们班连续32次获得学校的“绿色班级”称号，连续两个学期被评为学校的“文明班级”。一年来，我们逐渐克服学业基础薄弱的不利因素，全班同学勤学奋进，稳步提高。同学们你追我赶，班级学习氛围特别浓厚。每天下课、放学后，总有一群同学围着老师问问题。每当看到此情此景，每当看到孩子们的点滴进步，我都感到特别欣慰。

一年来，通过我们之间多种形式的交流和沟通，您大致可以看出，我是一位极其负责任的老师！对此我毫不谦虚、问心无愧。我可以这样说，您的孩子放在我的班上，是绝对可以放心的！

在明确了这一点之后，我想和您谈谈实际问题。八年级是整个初中承上启下的关键阶段，对孩子的成长来说至关重要。在这个阶段，孩子们的学习成绩将会发生严重的两极分化。如果学习成绩能够跟上来，上高中肯定没问题；

如果跟不上，上高中可能就难了。为孩子的将来考虑，我们都得尽全心、使全力，帮助孩子渡过学业上的难关。要做到这一点，恐怕还得先澄清部分家长在思想方面存在的误区：

第一，“我们很忙，没时间管孩子”。

“养不教，父之过，教不严，师之惰。”老师严格要求，是老师尽了职责；父母以忙为借口不教育孩子，是父母没有尽到职责。古语说：“能教子才算创家。”在平时和部分学生聊天时，孩子总会抱怨父母整天打麻将，从不过问自己的学习，从他们的眼神中我明显感觉到他们对父母的失望。而有些家长呢？却总抱怨孩子和他们的关系很冷淡，试问：这到底是谁的错呢？

第二，“我的孩子从小就这样，管也管不住，管了也没用”。

孩子是您的，如果您都瞧不起他，谁又会瞧得起呢？如果您都对他放弃了，孩子自然破罐破摔。孩子是需要鼓励的，您经常鼓励他，他才能获得自信，才能克服困难。如果自己的孩子您都管不住，您就得反思一下，您是不是对孩子过于溺爱呢？如果是，那么当老师严格要求的时候，您就不能再一味偏袒、一心护短。如果您老这样，您肯定更加管不住自己的孩子。孩子犯了错，他就得自己勇敢面对！

第三，“读书没用，我对孩子没要求，初中能毕业就行了”。

每年大学新生报到的时候，送行的家长都是眉开眼笑的，从来没看见有家长愁眉苦脸的。只听见过有家长羡慕地说：“人家孩子怎么这么有出息！”从来没听过有家长会说：“我的孩子要考不上大学那该多好呀！”看来，谁都愿意孩子多读点书。而事实上，正常人的智商相差不大，您严格要求了，孩子的学习习惯养成了，孩子的学习成绩自然会进步。每个人都有惰性，孩子也不例外，现在的孩子很会察言观色，当您对孩子的学业不做要求时，他们就能很快得出结论：“父母对我已经放弃了”，很快他就会放弃学习，他的精力又不能不发泄，不学习就到处惹是生非，家长在他后面忙于“救火”，疲于奔命，何苦！

分析以上三种错误观点，我们大致可以得出结论：您要是真正爱孩子，就再忙都得教育孩子，再累都得陪伴孩子，对孩子，家长不提要求是不行的。在家庭教育上，邹文婵同学的家长堪称楷模。在此，我想“借花献佛”，介绍一下邹先生的家庭教育经验。

孩子成才学校教育固然功不可没，然而教师上课时面对的是全体学生，不可能面面俱到，要使孩子在众多学生中脱颖而出，则家庭教育尤为重要。那么家长怎样督促孩子学习呢？我有以下经验：第一，控制孩子看电视、上网的时间。从周一到周五不准看电视、玩电脑，节假日完成所有作业之后可以放开，鼓励孩子看有益的节目。第二，认真检查孩子的家庭作业完成情况。当天作业必须当天完成，从不做敷衍式的签名，培养孩子养成按时完成作业的习惯，就像每天早上起床必须刷牙洗脸一样。第三，设立奖罚制度。没有固定的零用钱给孩子，每个星期表现好了和成绩提高了，零用钱就多给一点，反之就少一点。平时考试、期中、期末考试的成绩都要详细记录、明令奖罚。第四，营造良好的家庭学习氛围，多倾听孩子的心声。当孩子有进步时，及时给予肯定和鼓励。家庭教育是一项长期工程，对孩子的教育一定要持之以恒，不但成绩要跟得上，在行为、品德上也要不停地引导，这样才算是合格的家长！

尊敬的家长，感谢您平心静气地看完我的这封信，如果能对您有所启发并让您有所行动，那恭喜您的孩子，他的家长是合格的！

最后，祝您工作顺利、身体健康、生活愉快、万事如意！祝愿您的孩子在八（3）班学会做人、学会学习、学会负责、学会相处、学会担当！

（本文是2008年7月8日笔者致班级学生家长的公开信）

为孩子写一封珍贵的家书

——致八（3）班全体家长的一封公开信

尊敬的家长：

您好！感谢您一个学期以来对我班级管理、教育教学工作的大力支持。在您的理解和配合下，八（3）班的各项工作稳中有进，再创佳绩。因为师生关系和谐融洽，学生成绩名列前茅，我们班再次被学校授予“和谐班级”的荣誉称号！

我们班并不是一个基础很好的班级，我们之所以能够不断进步，并最终站在年级前列，是因为我们能够“有主题、成系统、讲方式、重效果”地对孩子进行养成教育和品德教育。上个学期，八（3）班进行了“我们是最上进的八（3）班”主题教育，通过师生讨论、写读书笔记、定学习目标、做经验交流等方式引领全体同学“感恩父母、勤学上进；理解老师，好学上进；团结同学，共同上进；掌握方法，正确上进”。该主题教育活动成效显著，一个学期下来，我们全体同学都理解了“什么叫上进心”，都开始明白“要树立积极进取的生活态度”，都能够积极主动地去做自己应该做的事，大部分同学取得了显著进步。

这个学期，学校计划进行“孝道雅行”主题教育。所谓“百行孝为先”，我们就是要教育学生“理解父母、敬重父母”；就是要教会学生“感恩父母、孝顺父母”。在此基础上，我们将进一步引导学生“明是非，知荣辱，养美德，勤上进”。学生做好了这一点，做人就成功了；老师能教育学生做好这一点，老师是成功的；家长能够支持配合老师教育孩子做好这一点，家长就是成功的，就是自豪的，就是真正为孩子的未来、为家庭的和睦着想的！

这么好的一个教育活动，怎样才能把它做好呢？为了把这个活动开展好，在开学初，我以全体同学为对象进行了问卷调查，在对问卷进行分析研究的过程中，我发现了不少问题：第一，很多孩子和家长之间存在“代沟”，孩子大多不愿意和父母讲话，也不知道怎样和父母交流，总之，缺乏有效的沟通和理解；第二，多数孩子因为缺乏体验而缺乏感动，他们认为父母所做的事情很平常，天底下的父母都是这样的，有什么可感动的呢？第三，处在青春叛逆期的孩子，他们对事情开始有了自己浅层的判断和不成熟的价值观，他们会认为父母的有些事情做得并不一定对，方式并不一定好，但因为缺乏沟通，他们不能与父母进行坦诚的交谈，就“左耳进，右耳出”，“懒得听，不理你”，故意顶撞。与此同时，也有很多家长向我倾诉，“孩子越来越难管了，常常气得人牙痒痒”！

在深入分析问题的基础上，我准备开一个“家书传情，爱在心灵”的主题亲子班会，通过这个班会我想解决一个问题，那就是引导孩子认识到生活的艰难，父母的不易，让孩子学会感动、学会理解。当然，这个班会需要您的参与和配合，这可能会牺牲您一些休息时间，但请您相信，做这些事肯定是“物超所值”的！

第一，完成“‘品读亲情’调查问卷”，要求“发自内心，符合实际，不怕暴露问题”。类似的问卷，孩子们已经做过了，为了全面了解情况，需要爸爸妈妈一起讨论，认真完成。

第二，新学期，新目标，希望您在理解这个调查问卷意图的基础上，为孩子写一封信，上学期我们采用书信作为孩子和家长沟通的桥梁，形式和效果都很好，有四位家长没有给孩子回信，产生了一定的“后遗症”。部分家长的信内容质量不高，效果不好，孩子读完信，不免有些牢骚，“就知道骂我”。这次需要用心一点，建议您平心静气地谈一谈生活的艰辛、自己的压力；谈一谈为什么要强调他刻苦学习；谈一谈为什么要让他早点回家……可以用自己的亲身经历和悔恨的往事，有针对性地讲一讲你对生活的真实感受。我相信这封信如果这样写，孩子会一生获益，关键是您得用真情、说真话、讲道理、讲事实让他信服。比如，现在很多孩子就认为父母挣钱很容易，您就需要摆事实，列数据，给他们算笔开支账，让他清晰地认识到父母挣钱并不如他想象的那般容易。

第三，因为要做“班会设计”，所以这封信，我需要浏览一下。好的书信，在征得您同意的前提下，我还想在班级做个展览。所以这封信格式有规定：信以“亲爱的儿子/女儿”开头，以“爱你的爸爸妈妈”署名，您的信要封好，孩子不需要预先阅读，要给孩子一个特殊的感受。因为时间限制，请您在2月20日之前完成问卷和书信。

第四，我计划在2月27日召开主题班会。届时将邀请您来八（3）班和孩子面对面、心连心地进行沟通和交流，希望您放下架子，放松心情，分享您在家庭教育中积累的经验和碰到的困惑。

尊敬的家长，亲爱的朋友，再次感谢您对我工作的理解和支持，您的信任和孩子的进步是我工作的最大动力。正如我常跟同学们说，我毕业参加工作就担任3班的班主任，3班就像是我的孩子，我全心付出，为的是全体同学在3班都有进步、都有收获、都有成长！

最后，祝您在新的一年身体健康、工作顺利、家庭幸福、牛年大吉！

（本文是2009年1月9日笔者致班级学生家长的公开信）

家书传情，爱在心灵

【活动目标】

随着孩子青春期的到来，孩子和家长之间的沟通渐少渐难。举行“家书传情，爱在心灵”主题亲子班会，让家长、孩子同写家书，共读家书。让孩子在活动中体验、在参与中感动，从而引导孩子品味亲情、学会感恩；指导家长学会倾听、学会交流。

【活动准备】

指导学生写《给爸爸妈妈的一封信》，征得学生同意，进行录音；提前发放《致家长的一封信》，请家长撰写家书，准时到会；准备《神秘园之歌》《追梦人》等背景音乐。

【活动过程】

班会活动一：朗诵《匍匐》，真情导入

师：听完老师朗诵的这首诗歌，你们能感受到什么？

生：在巨大的灾难面前，我们真切地看到了母爱的无私、伟大和震撼！

班会活动二：品味家书，分享感动

师：有的同学说，日子如流水般过去，唱着重复的歌，每天都是这样的平平常常！在平淡如水的日子里，到底有没有亲情别样的感动呢？接下来让我们听录音，听身边的同学说一说心里话。

播放录音（一）

亲爱的爸爸妈妈：你们好！祝愿你们身体健康，新年吉祥，也许是你们给我太多爱了，我都习以为常了，正如身在庐山，却不识庐山真面目。当我用羡慕的眼光去仰望别人的父亲是多么慈祥时；当我用期待的语言去谈论别人的母亲是多么亲切时，我却忽略了你们对我的付出。你们早早帮我准备好上学要穿的衣服，还帮我把臭烘烘的运动袜洗好，给我熬老火靓汤，做我喜欢吃的菜。也总是在我要钱的时候，说些赚钱不易之类的话来训我，边教训边塞钱给我。还总是千万次嘱咐我要多穿衣服，要注意安全，我觉得很烦，却又觉得很温暖。这些看起来并不起眼，却包含着你们对我的多少爱呀！

师：刚才听录音的时候，很多同学都会心一笑，你们笑什么呢?

师：这位同学说的“也总是在我要钱的时候，说些赚钱不易之类的话来训我，边教训边塞钱给我”，你们生活中有没有类似的场景呢？和大家一起分享吧。

师：看来，“爱在细节呵护中”！生活中并不缺少感动，只是缺少发现感动的眼睛。

播放录音（二）

亲爱的妈妈：您好！借助这封书信，我要向您倾诉，我要跟您说一声：妈妈，您辛苦了！因为您不但每天晚睡早起照顾便利店的生意，还要为我们做饭，检查我和弟弟的作业，有的时候忙起来，您连晚饭也来不及吃，看到您这样，我的心里十分难受！

三八妇女节的前几天，我就计划好要送您一份礼物，让您可以在节日里开心，我本来想买现成的，但是后来又想，只有自己亲手做的礼物，才能更加体现诚意。所以，我折了星星送给您，并且在瓶子的上面装饰了一朵花。当我把礼物给您时，您的脸上有着灿烂的微笑，同时也露出惊讶的表情。

您每一天都会让我感动，您知道为什么吗？因为您每天都会为我做饭。之前我认为做饭很简单，是全天下的母亲都会为孩子做的。但是直到有一次，我自己做饭时，才感觉到原来这并不是一件容易的事。那一次，您不在家，爸爸叫我去买菜做饭。当时我心里想不就是把菜炒一炒罢了。到了菜市场，我连挑菜都觉得难，虽然市场上有很多菜，但我却不知买什么好。等我买菜回家后，爸爸和弟弟都说我做什么事都慢，能不能快点煮饭？等到要放调料的时候，我紧张得不知道要放多少才好，凭着感觉把菜都煮好了，等爸爸和弟弟来吃，他们吃了我炒的菜，不停地责怪。一天下来，我不但累，还要不停地被他们絮叨，再联想到您年复一年、日复一日地为我们做饭，是多么的辛苦！妈妈，以后我再也不会让您为我操心了。

师：“我折了星星送给您，并且在瓶子的上面装饰了一朵花”，这封信是写给哪位家长的呢？能不能跟我们分享一下您当时的快乐心情呢？（现场采访家长）

师：听了女儿这么感人的心里话，您最想对她说点什么？

师：“煮饭”这事让人印象深刻！亲身体验，才能感受到父母的辛劳，才能真切感受到父母的爱。这就叫“爱在亲身体验里”。

播放录音（三）

亲爱的爸爸妈妈：你们好！这次是我第二次给你们写信了，爸爸，最近您头上的白发多了好多呀！妈妈，您也瘦了不少！祝愿你们在新的一年万事如意，身体健康！

从我出生到现在，不管多困难，你们都把我带在身边，没有一丝怨言。爸爸总是早出晚归，妈妈总是埋头苦干，才换来我如此优越的环境。跟表妹相比，我简直太幸福了，表妹有一个抽烟酗酒、游手好闲的爸爸，而我有一个负责任、能吃苦的好爸爸，您不抽烟、不喝酒、不赌钱。舅舅的赌性太大了，没有钱去赌了，就拿表妹的新年红包去赌，而我的爸爸给了红包让我到书城逛个够。有一个勤劳、体贴、好品行的爸爸，我真是太幸福了！有一个温暖、美好又融洽的家庭，我真是太幸运了。

这两年生意不好做，我们家也陷入了困境。为了维持小店的生意，爸爸都是自己搬运货物，搬完一车，累得腰都直不起来。临近月底，妈妈要熬好几个通宵，加班做月结单，那滋味真是不好受。爸、妈，你们放心，儿子长大了，能体谅你们的辛苦了，在困难的日子里，我一定要更努力地学习，分担你们的烦恼，爱你们的儿子！

师：同学们，这个声音很特别，谁呀？我们正好现场采访一下他？这是你第二次给爸爸妈妈写信了，这次和第一次感受有什么不同？

师：今天妈妈也抽空参加这次班会，想对妈妈说点什么？

师（总结）：如果我们站在爸爸妈妈的角度来看，设身处地想一想他们的艰辛和不易，我们对亲情的感受会更浓烈。这就叫“爱在换位思考时”！同学们，听了这三个同学的心里话，你是不是也有所触动呢？你的生活中有没有这样的感动瞬间呢？请跟我们一起分享。

班会活动三：共读家书，真诚沟通

师：我手上有一张纸条，是一位同学写的真心话。

上学期，您叫我们给父母写一封信，当时，我也没有十分认真，写了一封信给爸爸，爸爸看了信后跟我讲，他那时十分感动，他说他不知道原来我那么理解他，他还跟我讲到，他当时读了这封信后，真的差点哭了，他还怕我不信，一直跟我讲，真的差点哭了。事后，我觉得有点愧疚，因为我只是给爸爸写了一封信，他就这样感动了。

上次那封信，没有认真写，这次她可是带着十二分的真诚和认真去写了一封信，让我们一起听听她的表白吧！

播放录音（四）

亲爱的爸爸：您好！有人说过，丝丝白发儿女债。这14年来，您给予了我无私的爱，给予了我无微不至的关怀。即便是千言万语，也道不尽您的劳累。

自我上学以来，您就十分抓紧我的学习，经常叮嘱我要好好学习。每当我的成绩不理想的时候，您的神情中虽透着焦急，但言语中却不忘给我鼓励。从小到大，您为我做的一切事情，都是为了我好。但我曾经不理解您，有时还伤了您的心，但您却默默地忍住脾气。如今，我要为自己的不懂事，为自己的任性，向您说一声，对不起，爸爸！

爸爸，您把我的学习抓得很紧，因为您知道现今这个社会，没有文化，没有知识，很难生存，我的成绩能名列前茅，都是您的功劳。但有时我真的觉得您对我的学习过于紧张了。有一个周末的晚上，我和姐姐一起聊天，还没多久，就听到您严厉的声音：“不用学习了吗？都很有空吗？”于是原本荡漾着笑声的房间顿时变得压抑起来。我们都知道您的期望，但我也真诚地希望能有一点自由的空间。亲爱的爸爸，谢谢您对我的谆谆教导，祝您身体健康！爱您的女儿。

师：这封信是写给哪位家长的呢？听了女儿的心里话，您想对女儿说些什么呢？

师：平日和家长、同学聊天交流，我发现很多同学抱怨家长喋喋不休，家长也感觉孩子不理解自己的苦衷。当不愉快的事情发生时，我们能不能采用更好的方式来解决呢？用家书的形式讲一讲自己的心里话，把那些平日不方便、不好意思说的话表白出来，也许能起到更好的沟通效果。

播放背景音乐，拆开信封，共读家书。家长、孩子分享自己此时此刻的心情。

家长：我很感动，在女儿写给我的这封信中，多次提到我如何关心她的学习、成长。原来我对她的每次付出，她都印在心里，记在脑中，看完信后，我觉得女儿长大了、懂事了，我好欣慰。

孩子：妈妈写给我的信，里面谈到了她对我身边一些事情的看法，我看到后落泪了。因为，我总以为我所做的努力，没人看到，以为她的面无表情是不关心，以为她的不夸奖、只批评是不在意，但其实她都知道，那时我真的很感动。我要对妈妈说一声，妈妈，我爱你！

在音乐声中，提议各位同学走到父母身边，给他们一个紧紧的拥抱。

【活动总结】

"家书传情，爱在心灵"主题活动以家书为载体，是一个生成性的亲子活动，经过精心准备，抓住"生成点"和"动情点"，实现师生交流、亲子互动，易于形成一个巨大的情感磁场。通过这个活动，家长、孩子在体验中触动，在互动中沟通，效果很好。

（本文是笔者在光明新区2009年德育工作年会上执教的"家书传情，爱在心灵"班会课的设计稿）

《士兵突击》里的“班主任学”

“有意义就是好好活，好好活就是做很多很多有意义的事儿。我想我总能挑一件事儿，专心做它，做到极致，总能出众，我的内务最优秀，我的正步最标准。终于在那个中午，333个单杠绕打破了全连的纪录，全连人为我瞩目，包括连长，虽然他说这个算什么。那面因我而狼狈离开的锦旗又因为我光荣地回来了，每个人也开始尊重地叫我的名字，而不是傻子，我终于明白，尊重是赢得的，而不是施舍的。”

这是电视剧《士兵突击》中许三多的独白！《士兵突击》讲述的是“被命运错误安排为傻子的人，重新向命运要回尊严”的历程。

《士兵突击》很精彩，我已经反复看过三遍。我常常情不自禁地把它和自己的班级管理联系起来，感悟有三。

第一，班主任要营造良好班级氛围。许三多之所以成功，环境熏陶很重要，在新兵连他遇到了高城连长。高连长相当严厉，许三多虽然呆笨但仍掌握了许多技能，接受了新的理念。后来许三多又来到钢七连。钢七连是一个英雄连队，特别重视连队文化建设，新兵入连仪式特别庄严。这样的连队文化塑造了许三多，“不抛弃，不放弃”的誓言也成了他的人生信条。所谓“兵怂怂一个，将怂怂一窝”，班主任要有精气神，要用健康阳光、乐观向上的形象引领班级，要用齐心协力、积极进取的文化塑造班级，让班级洋溢着充满活力又团结一心的氛围，这样，才能让每一个身处这种环境中的学生都受到感染。

第二，班主任要有守望花开的耐性。“三岁看老”这句话有道理，但过于绝对。有些人少年懵懂，但这不代表他就永远一事无成，他也可能是大器晚成。对这样的人，要让他明白理想是什么，当下该做什么。从运兵列车上的那个投降手势开始，许三多就被连长高城打上孬兵的标签，新兵训练中他各种拙劣的表现都让人不忍直视，最后来到了号称孬兵的天堂——红三连五班。许三多正是从这样的起点开始了自己的“逆袭”之旅。在他的成长历程中，除了他自己执着甚至执拗的性格外，还有一个又一个“人生向导”为他指明方向，让他在迷茫中隐约看到前面的一丝光亮。对于晚熟的人，班主任要有守望花开的耐性，要帮这些孩子找到自己的特点或优点，而不能因为他们总是“慢半拍”，就失去了教育的平常心和耐心。

第三，班主任要有鼓励学生的意识。许三多外号“三呆子”，他的父亲骂他，老是用脚踢他，到了新兵连没人拿正眼瞧他。班长史今是第一个鼓励他的人，史今对他说：“别张嘴闭嘴一辈子，你才多大？”为了让许三多树立自信，史今想了很多办法，半夜起来叫他绕单杠，从而使他克服晕车的毛病，甚至骗他破了绕单杠的纪录。那次掌钎时，史今的手被许三多锤中，剧痛难忍。史今没有责备他，而是想着帮助他找回自信，于是用激将法激他。在史班长的怒吼声中，许三多抡锤一锤一锤地砸下去。那一刻，自信的种子从泥土中冲出重围，长出一个嫩绿的芽儿，而史今的鼓励是许三多成长最重要的养料。正如伍六一所说：“他（史今）会把所有的心思都用在你身上，因为你更可怜巴巴，比我更像一团扶不起来的烂泥巴，没办法，他就是要让我们这些泥巴成个人形，让泥巴也能自尊和自爱。”

当然，班主任也要学会“授权”和“撒手”。史今对许三多的好，已经让许三多形成了强烈的依赖。离别之际，史班长对拼命护着行李的许三多说：“三多啊，你别老把这个想法寄托到别人身上。你自己心里就开着花呢，一朵一朵的，多漂亮啊。我走了，能帮你割掉心里边最后一把草。许三多，你该长大了。”史班长的离开，拔除了许三多的情感依赖，让他走向独立。这值得班主任借鉴，当学生即将或已经毕业时，班主任要鼓励他们背上行囊，走向远方，不沉湎于过去，要努力去适应新班级、新老师、新环境。

（本文是笔者参加光明新区第二批名班主任培训班的研修心得）

顺应，而不是束缚

看《大宅门》，兴趣盎然！只看得我时而扼腕长叹、时而抱膝深思、时而忍俊不禁、时而义愤填膺，真是“咀嚼有余味，百过良未足”！我尤其钟情于“景琦蒙学”一段，并从中受到启迪，获得教育的智慧。

白景琦幼年顽劣成性，在药材堆玩火，给兄弟们喝尿，坐在家门口讨饭吃，跟着白三爷喝花酒。开蒙后，以戏弄私塾先生为能事，在门顶上放置盛满墨水的砚台，脏了先生满脸；往鼻烟壶灌臭豆腐汤，呛得先生泪流……他先后气走了20余名私塾先生，是远近闻名的“混世魔王”，以至于白家高薪求师遍京城而无人问津。

每次犯了错，白家二奶奶都被气个半死，拿起棍子对白景琦就是一顿毒打。可即便被打得昏倒，他也不求饶。越是大人们逼着他做的事，他越是铆足了劲儿地反抗。什么棘手的事儿白家二奶奶都能巧妙应对，唯独教不好白景琦。

若是白景琦的人生就照着这个恶性循环的模式滑下去，他将会成为好勇斗狠的纨绔子弟，幸运的是，他遇到了季宗布。季宗布，何许人也？论学问，他是国子监的监生；论武艺，他是神机营的武师，称得上“侠肝义胆、文武全才”！是他主动请缨，成为白景琦的先生，将其引上正道，培养成才。季先生的教育，是顺应，而不是束缚，独到之处在于“三新”。

第一，教育观念新。季先生是清末“睁眼看世界”的人。他的人才观，建立在他对历史人物深刻而独到的认识之上。他认为，人并不是中规中矩才能成大事、立大业。秦皇汉武、唐宗宋祖，没有一个是规规矩矩的。事事拘泥于细枝末节成不了大丈夫，从这样的人才观出发，他就有了自己与众不同的学生观。他对白家二奶奶说：“龙生九种，种种不同，天下的孩子要都一样了，那不就乱了套了吗？”别人只看到了白景琦的顽劣不堪，季先生则看到了他顽劣表象下可贵的精神闪光——勇敢善良、敢作敢当。因此，季先生顺其自然，顺应个性，着眼于把白景琦往正路上引，但不拘小节，只要不做违背道德伦理的事情，闯祸、调皮，他都不过于在意。

第二，教育资源新。与之前那些整天摇头晃脑只教两本经书，满口“之乎者也”的腐儒不同，季先生曾远涉重洋、游历四方，因此视野开阔，对新生事物接触多。教育白景琦的时候，季先生不像过去的私塾先生一样，死死地把白景琦拴在学馆里，按在课桌前。而是有时带他看花房，给他讲述花卉知识；有时带他逛大街，指着牌匾讲书家掌故，甚至到了古玩店，也能给白景琦讲一大堆奇闻逸事。季先生还能充分发挥自己的优势，开发丰富的课程资源，诸子百家涉猎广泛，马术、艺术、剑术，门类齐全。所以，他的教学一点也不枯燥，让人兴趣盎然，既充分激发了白景琦的潜力，也没有泯灭他鲜活的个性特点。

第三，教育方法新。之前的那些老学究，一肚子的学问却没有一点方法，日复一日让人死记硬背，让人生厌。季先生却能因材施教，方法创新。白景琦桀骜不驯，教他首先就得让他服。第一次交手，季先生以其人之道，还治其人之身，让门顶上的墨汁泼了白景琦一身。等白景琦挥刀刺来，季先生当即给了个“下马威”，然后以一句“那是功夫”，深深地吸引了白景琦。后来又以“有本事，把我的手指头撅折了”赢得了白景琦“你神了”的称赞。再后来，又以“你以为我光会功夫啊？《庄子》随便打开一篇，念头两个字，我给你背下来”，换得白景琦“你真神了！”的惊叹。至此，让白景琦心悦诚服。白景琦心浮气躁，所以季先生主讲《庄子》，因为道家讲“虚静”。白景琦活泼好动，好奇心强，所以不能幽禁于书斋，而要适时纵马驰骋，悠游天地之间。

“世有伯乐，然后有千里马。千里马常有，而伯乐不常有。”对于白景琦而言，季宗布便是他的伯乐，是他一生的贵人。考察季宗布的整个教育过程，他顺应个性，因材施教，巧妙地实施着“威服—敬服—爱服”的教育三部曲，是真正的教育者呀！

（本文是笔者参加光明新区第二批名班主任培训班的研修心得）

“融合”比“瓦解”更有意义

班级小团体是指因性格相合、境遇相同、兴趣相似、追求相符而自发形成的一种班级小群体。处在青春期阶段的学生，不知不觉便三五成群，形成班级小团体是较为常见的现象。

如果小团体的核心精神是正面、积极，能够为班级提供正能量的，班主任要因势利导使这种榜样的力量、影响逐渐扩散开去，从而让班级凝聚力逐渐增强，进而让班级班风正、学风浓；如果小团体的核心精神是负面、消极的，就会成为班级良好风气形成的障碍，班主任就要巧妙地应对，使之逐渐融合到班集体当中。

从日常班级管理的实际情况来看，在初中阶段，班级学业成绩优异或成绩落后的同学都容易形成小团体。如果班主任不巧妙地使各小团体融合到班集体中，班级两极分化的问题就会越来越严重，从而不利于整个班集体的发展，也不利于促进学生在“最近发展区”的发展。

2007年入职，我担任七（3）班班主任。这个班有五名同学逐渐形成了一个小团体。五名同学聪明机灵，个个“鬼精”，但就是不想学习，加上行为习惯不好，“无事”就要“生非”，给我这个“新手”带来了不少麻烦。

好在我见过类似的班级小团体。这些同学大都很讲“情义”，中学毕业之后，有的在外“闯荡”，也发展得不错。因为有这样的体会，所以我个人并不认为这样的学生就一无是处，也不认为这样的孩子就没有未来。这一点是前提，很重要！

为使小团体有效融入班集体，我的具体做法是：

第一，公平对待，充分尊重。我不会因为这些人“抱团”，就对他们区别对待，而是“一碗水端平”，跟对待其他学生一样，做得好当众表扬，做得不好私下批评。犯了错不要紧，所谓“好汉做事好汉当”，五名同学里面，谁犯错谁就承担责任，谁挑头谁就承担主要责任。他们做了好人好事，我更会在全班热烈表扬。从他们的周记反馈情况看，他们最难忘的是我说过：“金无足赤，人无完人，每个人都有缺点，成绩暂时落后就没有未来吗？××同学有情有义，将来一定有出息！”

第二，划定底线，改正陋习。我经常约他们坐在操场上聊天。我和他们聊利人利己是双赢，损人损己是双输，走正道、不损人是为人处世的底线，不走正道会害自己、害亲人，损人就会声名狼藉没有朋友。例如，上课实在听不进去，千万不要扰乱课堂纪律。扰乱课堂就是“损人不利己”。你可以练练字、读读书，以后出了社会当了老板，签单的时候、讲话的时候，写一手好字，引几句名言，别提多有面子！我还和他们聊，男子汉一定要讲诚信，答应别人的事一定要做到，如果这事不能做，千万别答应；如果这事自己做不到，就要和别人商量能怎么办。例如，犯了错，千万不能为了取悦老师或尽快过关，就信口承诺，一定要三思而言，三思而行。

第三，创造机会，融入集体。很多小团体的形成是因为学生在班级找不到归属感。成绩上不来，亲子冲突多，心里的苦闷憋屈没有地方倾诉，几个境遇相似的学生自然而然就会聚到一起。对此，班主任也要理解，不能“只手遮天”，把学生在校的时空都监管得严严实实，也要让他们有发泄情绪的时间和空间。个人求学的境遇，让我对此深有同感，所以我愿意创造更多机会让他们为班级出力，为班级添彩。他们为班级付出得多了，对班级的认同感、归属感才会逐渐增强，这正是《小王子》里所说的：“你为你的玫瑰花费了时间，这才使你的玫瑰变得如此重要！”

2010年7月，这一届学生毕业了。毕业之后，虽然有不同的去处，但是他们一直保持着联系，经常地互相安慰和鼓励。

遇到班级小团体，尤其是学困生小团体，只要他们不抱团走“邪路”，让他们在茫茫人世间彼此温暖又有何妨呢？班主任千万不能先入为主地把他们当成班级、教师的对立面，而是要正向引导，使其融入班级中，“融合”比“瓦解”更有意义。

（本文是笔者参加光明新区“相约光明”班主任沙龙的发言稿）

如何培养班干部

班干部是协助班主任开展班级工作的得力助手，班干部队伍是班级的中流砥柱。将班干部的积极性、主动性充分发挥出来，让他们能身体力行地为班级树立榜样，能集思广益地为班级出谋划策，能尽职尽责地为同学做好服务，班级管理就顺了，班风学风就正了，育人效果就好了。那班主任该怎样培养班干部呢？

一、对班干部要严要求

严是爱，宽是害，对班干部不能偏袒，当班干部犯了原则上、行为上的错误时，绝不能“睁一只眼闭一只眼”，而应该给他讲明利害、公平奖惩、一视同仁。什么是原则上的错误呢？比如，对自己宽，对同学严，对提出异议的同学报复性“扣分”等。什么是行为上的错误呢？比如，迟到、值日不认真、不完成作业等。要求全体同学都做到的，班干部必须带头做得更好。当班干部犯了工作方式方法上的错误时，如集会之前，没有强调会场纪律，结果在会场上大声呵斥交头接耳的同学，自己的声音比窃窃私语的同学声音还要大，又如运动会赛程结束，没有组织同学清扫班级大本营，结果班级场地垃圾满地。这些都是工作方式方法上的错误，可以原谅理解，但班主任要代为解决“后遗症”，并一定要教给他们正确的工作思路和方法。

二、对班干部要多关怀

班干部在搞好自己学业成绩的同时，还要费心思为班级服务，这种奉献精神很可贵。所以班主任对班干部要多关怀，要让他们真切感受到班主任是真正关心他们的，而不是把他们当成可随意摆布和指使的棋子。怎样做到多关怀呢？班干部生病或请假一定要第一时间问候，并叮嘱其注意身体，等他回校后也要嘘寒问暖；当他的某次成绩不理想时，不要将他拉到办公室一顿批评，或者和其他同学进行比较，而是要心平气和地帮他分析得失分情况及错误原因，临走时拍拍他的肩膀，目光执着、语气坚定地说，“老师相信你的能力”。这种真诚的关心会给班干部们最温暖的感受和最有力的支持。

三、对班干部要勤沟通

班干部和同学们朝夕相处，共同经历成长的历程，共同度过在校的每一天，因为是同龄人，他们有一样的情感、共同的感受、相似的爱好。与班主任相比，他们和同学们的接触更多，对班级的问题和现象感受更深，所以要和班干部勤沟通，话题可以广泛一些，形式可以自由一些。例如，“你觉得我们班还有什么不足”“你在学习上碰到了什么问题”“你觉得我们还可以开展什么活动”……在交流的过程中，班主任最需要的是放下架子，心态平和、侧耳倾听，因为很多时候，班干部可能会直接地指出你的不足，批评你的种种不是，你也可能会认为他们孩子气，但班主任一定要有涵养、有雅量，因为也许他们说的恰恰是实话、真话。这时候，当你表现出哪怕有一点不屑和愠怒的时候，学生的心扉就可能永远对你关闭。

四、对班干部要敢任用

按照马斯洛的观点，自我实现是人类最高层次的需求，对班干部也要给其展示才能的机会、自由发挥的空间，如艺术节、体育节、召开班委会、组织班级活动等都是锻炼他们的好机会。培养、锻炼有个过程，不能追求一蹴而就。班主任要先做好示范，一次大型活动的组织就是一次很好的契机，岗位的设置、人员的分工、时间的安排、提前的准备、临时的调整、事后的总结等工作班主任都要反复推敲，并及时召开班委会把方案制订的过程、要点讲给班干部听，让他们明白思路和流程。手把手教过几次后，就适当放手，这时班主任要当好顾问，引导班干部共同商讨、提出设想，然后班委会拿出方案，具体实施，班干部若有疑难，班主任可以从旁指点一二。若班主任能学会放手，让班干部肯为、能为，则班级管理就成功了一半。

五、要帮班干部树威信

班干部工作方式方法上的错误可以私下指出并教给他们好的方式方法，但在公开场合如班会、班委会上，班主任要把责任承担下来，并向全班做出解释说明。对班干部在履行职责过程中，不服管理，还用言语行为进行挑衅的同学要严肃批评。当班级获得荣誉时，要归功于班委会和全体同学的共同努力，并列举班干部在工作中付出努力的细节从而给予充分的表扬。

总之，班主任要学会培养班干部，班干部的积极性激发起来了、能力提高了，班级的正气才会逐渐形成，学生自主管理才能落到实处。

（本文是笔者参加光明新区“相约光明”班主任沙龙发言稿）

要允许学生说“不”

2012年10月，我参加光明新区第二期“名班主任”研修班赴南京师范大学班主任研究中心的培训。陈红燕博士为我们带来了题为《班级柔性管理的理论与实践》的讲座。她认为，人有骨有肉才健全，管理有刚有柔才有效，学会理解、学会尊重、学会赏识、学会等待是班级柔性管理的四大支柱。

陈博士的讲座对我触动很大，我想到了不久前学校举办的“班主任沙龙”。沙龙上，新入职的班主任各自谈工作体会，有人说，我们提出来的举措，学生不能说“不”，说“不”会影响班主任的威信。我认为这种说法存在观念的误区。今天听了陈博士的讲座，我想：有没有班级柔性管理，一个重要的衡量指标就是班主任允不允许学生说“不”。

新班主任之所以不允许学生说“不”，一方面可能是“约定俗成”，他之前的班主任或身边有的班主任就是这样要求的；另一方面可能是“本领恐慌”，害怕学生说“不”之后，自己不知道怎么处理，那就只好限定学生必须按照自己说的做。

在入职后担任班主任的前两年，我雷厉风行、赏罚分明，在班级管理中奉行令行禁止、“说到做到”，效果很好！班级秩序井然，学生成绩突飞猛进，获得领导同事的一致好评。但我发现学生不愿意跟自己亲近，甚至“敬而远之”。虽然我的工作获得了外界的肯定，但我的内心没有“幸福感”，心里渐渐觉得很不是滋味。2009年暑假，我对自己的班主任工作进行了反思，回想自己求学生涯中那些难忘的老师、温暖的回忆，我有了一些自己的思考。

教育是立德树人的事业。“品德”包括“公德”和“私德”，公德是指与组织、集体、社会有关的道德；私德是指与个人生活、作风、习惯有关的道德。事关“公德”，不允许学生说“不”，必须遵守；事关“私德”，既要严格要求，也要允许学生逐步改进。学生的资质存在差异，因此，在学习方面，既要有教无类，也要因材施教，着眼于学生的“最近发展区”，促进学生的成长。学生是活生生的生命个体，每一个学生都存在个体的差异性，每个学生个体在其求学生涯中肯定会碰到各自不同的问题，如果忽略这种差异，武断地“一刀切”，必然会伤害一些学生。而当学生迫于外在的压力，随便答应他做不到的事情，而后又要想尽办法找理由搪塞的时候，就会有损他“诚信”品德的养成。

因此，当再次接班时，我开始不厌其烦并身体力行地跟学生宣讲这样一种理念：人要讲诚信，答应别人的事，一定要做到，这是做人的原则。如果做不到，一定要勇敢地说“不”，事情还可以商量着办。我把它称为“班级契约精神”。一年下来，我的班级活动开展，甚至作业的布置，都商量着办：“老师提出的方案，不同意的请讲；你觉得怎样办才好，请提出来；我们商量着办。”充分尊重学生，倾听他们的意愿。我的班级管理和其他工作一点儿都没耽误，学生能够做到自己承诺的事情，变得自信甚至有一种自我实现的快乐。我和学生的关系日渐紧密，毕业典礼那天，学生毫无预兆地一起亲热地叫我“云哥”，听到他们大声的呼喊，我的眼眶不由一热。

换位思考，回想过往，谁没有年少轻狂的往事？谁没有懵懂无知的青葱呢？允许学生犯错，允许学生说“不”，我们要鼓励学生面对困难，帮助学生实现理想。虽然我是血气方刚的男子，但我的管理却弹性十足，有原则但很灵活，这是不是“刚柔并济”呢？我想，应该是吧！

（本文是笔者参加光明新区第二批名班主任培训班的研修心得）

站在“巨人”的肩膀上

2012年10月，我参加光明新区第二期“名班主任”研修班赴南京师范大学班主任研究中心的培训。其间，我聆听了南京市第三中学优秀班主任陈宇老师题为《你能做最好的班主任》的讲座。

陈宇老师个性鲜明、思想睿智，讲话充满理性的光彩。在互动环节中，当被问到“请给在座的班主任提点建议”的时候，他说：“不要迷信专家，要做自己，把自己手头上的事情做好才是硬道理。”晚上回到宿舍，静静回顾陈宇老师的讲座，我认为要辩证地看待他的回答。

首先，陈宇老师的回答是对自己班主任工作的总结。他从事班主任工作20余年，已经出版了多部专著。按照班主任专业发展阶段的划分，他处于班主任的后“成熟期”，甚或已经来到“超越期”。总之，他正在或已经形成了自己的班主任风格，他需要的是对自己的班主任工作进行梳理、归纳和总结。也正是他处在这样的阶段，他才有底气和自信那样说。

我们青年班主任，刚刚跨出大学校门，懵懂地开始了班主任工作的历程。在这样的情况下，如果我们只是“做自己”，自己一个人辛勤地摸索和研究，就会浪费很多宝贵的时间，走很多弯路。我们不是有史以来的第一位班主任，在我们的前面，有无数优秀的班主任。我们所遇到的班级管理的问题，也不是仅仅只有我们遇到，在我们的前面，肯定有其他班主任将类似的问题稳妥、智慧地解决了。因此，我们必须站在“巨人”的肩膀上，广泛涉猎、深入汲取、联系实践、学以致用，掌握班主任工作的技能，熟知班级管理的有效方法，了解班主任工作的前沿。一边“拉车”，一边“看路”，至少比“只顾低头拉车”，能看得更远些！

其次，陈宇老师的回答传达出这样的意思，即班主任必须扎扎实实地把班级的事情做好，这是成为优秀班主任的基础。脱离班级管理的土壤，想成长为优秀班主任，无疑是纸上谈兵、痴人说梦。班主任在工作中总会碰到这样那样的问题，把这些问题解决了，班主任工作才能越做越好。对于班级管理中遇到的棘手的问题，班主任不要置若罔闻，不要视而不见，更不要避而远之，而是要敏感地抓住，深入地思考、积极地探究、系统地总结。树立“问题意识”，我们的班级管理才能更上一层楼，我们的工作才能渐入佳境。

最后，我认为陈宇老师所说的“不要迷信专家”，主要应该是指“不要把专家的话奉为放之四海而皆准的真理”。名班主任们所采取的班级管理的策略有其特定的校情、班情和学情，可能无法直接移植到我们自己的班级建设中，但他们“咬住问题不放松”“持之以恒不懈怠”“勇于创新不固守”的精神则非常值得我们学习。“不要迷信专家”可能也有轻视理论工作者的意思，认为他们习惯高谈阔论、夸夸其谈，这样的专家为数也不少，但我们绝不能“以偏概全”。没有从事过具体的班主任工作就成不了班主任研究的专家吗？毛泽东同志一生中仅有一次挥枪冲锋，但不妨碍他成为伟大的军事家呀！

其实，理论和实践也有共同指向和共通之处。三天的培训下来，我发现无论是高校的班主任研究专家，还是一线成长起来的名班主任，他们都讲到许多共通的“常识”。例如，齐学红教授的“班主任是学生的精神关怀者”；陈红燕博士的“没有失败的学生，只有尚未成功的学生”；杨瑞清校长的“用花苞心态看学生，只有两种——美丽的鲜花、可爱的花苞”；郭文红老师的“我们不经意的一个眼神、一个举动可能会了断学生的一门心思，让他生命走廊中少开一扇窗”。这也让我想到了苏霍姆林斯基所说的，“要像对待荷叶上的露珠一样，小心翼翼地保护学生幼小的心灵，晶莹剔透的露珠是可爱美丽的，却又是十分脆弱的，一不小心，露珠滚落，就会破碎，不复存在”。无论是理论的阐释，还是实践的总结，这些观点都指向基本的教育常识，当专家的观点已经或正在成为班级管理的常识时，不相信行吗？

所以，我要说：青年班主任要想成长，既要适时站在“巨人”的肩膀上，更要时时扎根于班级的“土壤”！

（本文是笔者参加光明新区第二批名班主任培训班的研修心得）

以养成教育为核心营造班级育人环境

叶圣陶先生曾说过："什么是教育？简单一句话，就是要养成习惯。"养成教育，就是培养孩子养成良好习惯的教育。青少年是人生最重要的时期，人的习惯、言语、技能、思想、态度、情绪都要在此时期打下基础，如果基础打得不稳固，那健全的人格就不容易形成。因此，在班级管理中，我坚持以"养成教育"为核心，营造班级育人环境，并取得了一定的效果。

一、注重良好行为习惯的养成

正如罗素所述："儿童获得习惯的速度是惊人的，而且所获得的每一种不良习惯都会成为以后形成良好习惯的障碍。如果最初形成的习惯是好的，就可以免去以后的许多麻烦，更重要的是，最初获得的习惯对以后的生活来说，具有与本能类似的作用。"所以在教育的最初阶段就要非常重视给孩子正面的引导，使他们养成终身受益的好习惯。

《孟子》曰："不以规矩，不能成方圆。"为了很好地养成学生遵守规则的习惯，我针对中学生的特点，制定最基础的行为准则来对学生进行约束。例如，"按时上学不迟到，出操整队快静齐；尊敬师长要懂礼，团结同学要友爱；课间活动讲文明，追逐打闹要杜绝；个人卫生要讲究，环境整洁要记牢"。

如何让学生的行为文明规范？一旦发现学生有不规范或不文明的行为，我先是具体指出，而后帮助其改正。良好的习惯不是靠一天两天，说养成就能养成的。良好行为习惯的养成，既有阶段性，又有侧重点，即在某个阶段主要解决什么不良行为或形成什么良好习惯，要有一个侧重，要视养成具体习惯的难易程度而定。容易纠正的不良行为，或能很快养成良好习惯的行为，要在小学低年段就打好基础。

二、注重良好学习习惯的养成

要以课堂学习为主阵地来养成学生良好的学习习惯。记得2009年9月7日，温家宝总理到北京第三十五中学听课。热心的读者从新闻照片观察到：除了温总理的坐姿正确，图片中其他学生的坐姿都是错误的。这个发现震撼了我，如果这些初中生在小学阶段就养成了上课听讲的正确坐姿，就不会出现这种情况。因此，我特别注意强调上课时同学们的坐姿，并对“趴台”的同学进行有意识的纠正。

专家研究指出，没有比课堂认真听讲更好的学习方法。因此，我总是有意识地养成学生们集中精力、认真听讲的习惯。在每一堂课的教学中，如果有学生开小差，我都采取适当方法予以引导；有学生做小动作，我会边讲课边有意地走到该学生身边，直至他专心听讲。在学生听课过程当中，我最注重培养的是学生专心听课的习惯。

学生的作业书写习惯也将影响学生一生的学习质量和效果。培养学生良好的书写习惯，必须使之掌握正确的书写方法。比如，写字时要做到头正，肩平，眼睛距纸面一尺，笔尖离握笔处一寸，胸口离桌子一拳，握笔方式要正确等。学生在写字时，教师要注意巡视，对不正确者给予纠正。作为教师，我的批语和课堂板书都一笔一画地写，一则让孩子能看懂，二则也是给孩子一个示范。

三、注重营造养成教育的良好氛围

和谐的班级环境，有助于学生保持心理健康，形成良好的心理品质。学生每天主要都在教室里学习生活，干净、整洁、优美的教室环境，对于学生的健康成长起着不容忽视的重要作用，因此我特别重视教室环境的净化美化。例如，要求桌椅摆放整齐，地面无纸屑、无灰尘，教室墙面要保持干净洁白，玻璃窗户明亮干净。定时通风，保持室内空气新鲜。每天的值日生要负责全天的教室环境的管理，如扫地、拖地。优美教室环境的创设和维护的过程，不仅培养了同学之间团结协作、互帮互助的精神，而且培养了同学珍惜他人劳动成果、爱整洁、讲秩序、做事有条理等良好的习惯，使学生在和谐的环境氛围中健康、快乐地成长。

洛克在《教育漫话》中指出：“在各种教导儿童以及培养他们的礼貌的方法中，其最简明、最容易而又最有效的办法是把他们应该做的或是应该避免的事情的榜样放在他们的眼前。一旦你把他们熟知的人的榜样指给他们看了，同时说明他们为什么漂亮和丑陋，那种吸引和阻止他们去模仿的力量，比任何能够给予他们的说教都强大。”因此，我非常注重榜样的示范作用。每个星期，班级都要进行一次评比小结。每次小结，我们都要评出一两个学生榜样。这样的总结评比除了包含鼓励的成分之外，更重要的目的是树立榜样，示范带动更多同学形成良好的行为习惯。尼采曾说：“渴望得到别人的认可和赞赏，是人类埋藏最深的本性。”运用及时赞赏的方法，营造积极向上的氛围，有助于养成教育的顺利开展并取得好效果。

四、争取家长配合共同进行养成教育

养成教育要争取家长的配合，从而形成家校合力。例如，为了建设书香班级，我也在家长会上反复强调建设书香家庭的重要性，倡议家长注重和孩子一起读书。

为了让家长坚信这一点，我与家长们分享了著名儿童文学作家、北京大学中文系教授曹文轩关于阅读的讲座。这样一来，家长们逐渐形成了这样的共识：孩子最初阅读和吸收哪一类书籍十分重要，不是什么书都可以让孩子读的，要多给孩子们看适合的好书。朗读是让孩子爱上阅读的最佳方式之一。朗读，有助于孩子从声音世界过渡到文字世界。

个人良好习惯的教育培养，也就是我们通常所说的“教养”。它的确立，绝非一朝一夕之功，而在于一点一滴地养成。“德是表现在行为上的习惯”，初步的实践使我认识到，以“养成教育”为核心构建班级文化的尝试是正确的、可行的，我还将继续探索下去。

（本文是笔者参加光明新区第二批名班主任培训班研修心得）

临近中考，家长怎么做?

中考在即，初三学生专题复习已完成，模拟训练持续进行，考生的知识能力基本定型，当下正有针对性地进行查缺补漏。目前最关键的是调整考生状态，从而使考生保持一种自信积极、平和宁静的心态。迎接中考，家长应该基于这种认识去做一些服务考生的事情。

一、“两要”

（一）要做好考前准备

临近中考，家长要熟悉《考生须知》，哪些可以带进考场，哪些不能带进考场，家长也要心中有数。考试前几天，可以抽空陪孩子一起逛逛文具店，购买透明的文具袋以及符合要求的2B铅笔等文具。家长还要了解考试的场次及开考时间，中午孩子若在家休息，一定要注意调好闹钟，及时叫醒。离家前往考场，一定要查看准考证、身份证等是否带齐。把考前、考中的准备工作做好，才能避免考生因仓促上阵而导致紧张无措。

（二）要营造和谐环境

首先，家庭要和睦，夫妻间不要因小事拌嘴、争执，不要“冷战”。其次，家庭氛围要宁静，考试期间尽量避免宴请和应酬，不要因推杯换盏、搓麻打牌、高谈说笑而使家里变得嘈杂喧闹。中考期间如果球赛正在进行，家长要尽量克制自己看球的愿望，如果非看不可，最好是调低音量或另觅他处。总之，避免因家庭环境的嘈杂喧闹导致孩子心浮气躁。

除了“两要”之外，迎接中考的家长还要做到“两勿”。

二、"两勿"

（一）勿打破孩子的生活规律

进入初三，考生会逐渐适应一种作息时间。中考期间家长不要过早催促孩子休息，否则辗转反侧难以入眠一定会加重考生的心理负担，当然若超过了日常休息时间，也要及时提醒孩子早点休息。中考期间，家长不要因为想加强营养就刻意改变孩子的饮食风格，饮食一以贯之，新鲜清淡就好。

（二）勿追问孩子的考试情况

迎接中考的家长也要学会放下，已经考过的科目，不管考得怎么样，都已经过去，最关键的是集中精神应对下一科。所以一科考试结束后，家长不要急着追问孩子试题的难易程度，以及孩子的考试完成情况，特别是孩子不愿意说的时候，更不要喋喋不休追问不停。当然，家长还是要学会"察言观色"，考试结束，如果孩子确实比较沮丧低沉，还是要言语温和地给予孩子安慰鼓励，"你觉得难别人也会觉得难，况且中考考的是综合实力，仅仅一科并不能代表总成绩"。

迎接中考顺其自然最好，不要人为地、刻意地改变些什么。家长要做的就是在顺其自然的基础上，把握考试时间，做好准备工作，明确注意事项，及时微笑提醒，让孩子精神抖擞、自信从容地迈进中考考场。

（本文是笔者参加光明新区"相约光明"班主任沙龙发言稿）

关注孩子的考前情绪

无论是成人还是孩子，面临重要考试都会发生情绪变化，如何处理好这些情绪，关系到考生的考试表现。中考考前孩子大概会呈现出三种情绪状态，需要家长分别采取相应对策。

一是稳定饱满的情绪。表现为心态上乐观自信，学习上认真积极，作息上正常合理，精神饱满，注意力集中，这是一种最佳的考前状态。当孩子呈现出这样的状态时，家长要顺其自然，合理安排膳食营养，保持家庭氛围的和谐融洽即可。

二是紧张焦虑的情绪。紧张焦虑是一种最常见的考前情绪，比如快考试了，如果考生觉得自己没复习好，就会紧张担心，这就是焦虑。对这种情绪要辩证看待，适度焦虑的情绪不是坏事，反而能够激发人的潜能，包括体能和智能，反而能够促使考生集中注意力抓紧时间去复习应考。但如果焦虑过度，就会导致考生胡思乱想、茶饭不思，这就要引起重视。孩子过度焦虑，家长首先要及时跟班主任沟通，把孩子在家的情绪状态跟班主任做一个交流，让班主任能比较全面地了解孩子近期的状态。经过评估，班主任会采取积极有效的相应举措，如请心理老师对孩子进行心理辅导等。其次，家长不要增加孩子的压力。例如，不把考试挂在嘴边讲，不把成绩放到餐桌上谈，孩子模拟考试不如意不指责批评。如果实在着急，可以侧面向老师了解情况，听取建议再给予合理的帮助。最后，可组织轻松的户外活动。周末一家人到绿道骑自行车，到郊野公园放风筝，去电影院看电影，晚饭后一起去散步。总之，带领孩子走进大自然，走到视野开阔的地方，让情绪有一个自由释放的空间。

三是浮躁散漫的情绪。有的考生自认为复习内容都掌握了，心浮气躁，不愿意跟着老师的进度巩固提高，作业态度散漫，觉得自己什么都会了，写不写具体的解题步骤都无关紧要。这种情绪非常不利于迎考，特别是成绩优异的孩子，如果滋生了这种情绪，往往会导致“眼高手低”、功亏一篑。如果孩子出现了这种情绪，家长要怎么办？第一，发现苗头要及时跟老师沟通，通过家校合作，“当头棒喝”，严肃指出浮躁散漫的危害性，掐断这种情绪蔓延的可能。第二，督促孩子完成作业，特别是要督促他们订正错题，在查缺补漏的过程中，让他们意识到自己的不足之处，让他们的学习态度渐渐踏实起来。第三，尽量避免走亲访友或家庭聚会，营造宁静的家庭氛围，让孩子浮躁的情绪早点平静下来。

家长也要关注孩子考后的情绪。考得好了肯定会有点激动，走亲访友、外出旅游、同学聚会时也要提醒孩子注意安全；考得不理想，孩子的心里肯定也不好受，家长不要责怪，而是要多多安慰鼓励，毕竟孩子已经尽力了，毕竟这只是一次考试，不是人生的全部。

（本文原载《宝安日报·光明教苑》2013年7月2日）

将破就破

3月18日，距离中考只有100天了。清早，刚爬上5楼，班长就堵住了我：“老师，纪录牌破了，被小新摔破了。”啊！这牌子怎么能破呢？这个852分纪录牌可是学校为了激励大家，昨天刚刚配发的，这是学校中考历史最高分数！

原来，学校定向运动队的小新到校后，见时间还早，就在教室里练起了定向越野，一不小心撞到讲台，把纪录牌摔破了。看着愤怒的班长，我知道埋怨已经没有必要了。当我走进教室时，教室里鸦雀无声，空气也凝滞了，学生都把头深深地埋在书堆后面。讲台上，几个学生小心翼翼地用胶水黏合着那个火炬样的纪录牌。小新低着头站到我旁边，轻声求助：“老师，您一定要帮帮我，同学们都在议论，说这是不好的兆头，九（2）班没希望了。”是啊，在这个的特殊日子里，小新轻轻一碰，就碰到了大家最脆弱的神经，眼看就中考了，紧张的孩子们很容易被暗示。

不行，必须把这种消极情绪消灭在萌芽状态，我要把坏事变成好事。灵机一动，我一改平时的严肃，兴高采烈地说：“好兆头，好兆头，纪录牌破了，破了好！破了就预示着我们要破纪录了。”阴沉的教室里开始有了骚动，有人抬头微笑，有人却质疑：“852分这么高，怎么破呀？”我微笑着说：“打破852分的纪录可能有点难，但去年是1个800分，今年我们创造2个800分，不是破纪录吗？去年文化课出高分，今年我们体育、艺术大丰收，不是破纪录吗？突破自己，今天比昨天好，不也是一种破纪录的方式吗？只要我们勇于拼搏，敢于亮剑，就一定能够在属于自己的领域里创造人生的纪录！”

一石激起千层浪，孩子们的眼睛重新焕发出自信的神采。对呀，我的字今天比昨天写得漂亮，这是突破；昨天不会做的题，今天弄懂了，这也是突破；今天没像昨天一样浪费时间，这还是突破。小新也抬起了头："下个月，我就要到意大利参加定向越野世锦赛了，本来没抱什么希望，今天又摔破纪录牌，心情特别沉重。现在，听您这样一说，我一定全力以赴，争取突破自己，创造纪录！"教室里响起了热烈的掌声。

我因势利导，提出了一个大胆的想法——将破就破，将纪录牌的碎片，分发给孩子们，让他们写上自己心中的纪录，然后收集起来，用强力胶一片一片粘贴好，做成了一个特殊的纪录牌，仍然高高地摆在讲台上。

那一年，我们班的成绩出奇地好，中考文化课出了822分的高分，小新也拿到了世锦赛的第24名，那可是中国代表队参加世界中学生定向越野锦标赛历史上的最好成绩。

在毕业典礼上，大家将纪录牌高高举起，眼神中透出骄傲与留恋。是啊，这块纪录牌，虽然裂纹密布，但每一道裂纹都蕴含着拼搏的故事，每一块碎片都承载着创造的梦想，它引领我们打破了纪录。它更像一种精神，在所有孩子的心中深深地扎根！

（本文原载《班主任之友》2013年第6期）

让学校成为孩子幸福成长的乐园

——读《第56号教室的奇迹》有感

我手头上有两本《第56号教室的奇迹》，自己买了一本，开学初，邱世和校长给每位老师赠书一本。我利用元旦假期舒舒服服地把它看完了，掩卷回味，有很多难忘的东西回荡在心头。

一、教育建立在和谐的师生关系之上

我国传统文化注重“师道尊严”。虽然现在强调“师生平等”，但在很多场合，听到最多的还是“班主任要有权威”“班主任要树立自己的威信”等论调。所谓“威”就是威严，使人心存敬畏；“信”有信任、信从的意味。但就“威信”而言，“信”还是建立在“威”的基础上。在班级日常管理中，简单粗暴的例子比比皆是，根本就是“让学生怕，学生怕了，他不敢去做”的理念在作怪。雷夫“这年头，大多数教室都被一种东西控制着，那就是害怕”的论断，真是振聋发聩。他坚守“以信任取代恐惧”“身教重于言教”“教师可以严格，但不公平的老师会被学生看不起”“你要学生做到的事情，自己要先做到”等理念，这些都是普适的教育理念。我国古代圣贤也强调“亲其师，信其道”“其身正，不令而行；其身不正，虽令不从”。

二、教育就是要给孩子丰富多彩的生活

曾听到这样一个笑谈：“我们的教育是儿童成人化，成人儿童化，大学幼

儿园化。"说的就是教育没有尊重孩子的天性，灌输了很多他们那个年龄段根本不可能理解，也不愿意关心的东西。

孩子们可以看电影，接受艺术熏陶，参与多样的体育运动，这样的孩子才能拥有幸福的童年，这样的教室才是孩子幸福成长的乐园。而事实上，雷夫所在的学校是一所"薄弱学校"。能做到这些，关键在于他是始终坚持一个正确的理念："接触艺术教育的孩子学到的，远远超过他们所学的艺术本身。加入管弦乐团的孩子们不只学到如何拉小提琴或吹单簧管，也学到了纪律、责任、牺牲、练习、更正错误、倾听，以及时间管理。孩子们能拥有这套技巧对他们来说最好不过了，孩子们可以一边学习这套技巧，一边度过愉快时光。"雷夫很重视体育、艺术教育，鼓励学生参加艺体教育，自己也参与其中，这很值得我们借鉴。我们很多班主任的脑海里还存在"主科副科"之分，抢占挤占"音体美"的现象还比较多，一些班主任无情地剥夺了学生接受艺术熏陶的机会和权利，用应试教育的牢笼困住孩子美好的童年、少年时光。

三、教育要符合儿童成长的规律

在"失败是好事"一节中，雷夫说："为了让孩子们有好的感受，从不让学生答出错误答案或出什么差错是一个很关键的错误，'失败'是由身为教师的我们自行认定的。在第56号教室，飞不起来的火箭不是失败，只有当学生停止问题的尝试时才算失败。"反观我们的教育，包办太多、替代太多，学生"从错误中吸取经验教训"的机会太少，"我们总习惯把孩子们从沟沟坎坎中抱过去，这样他们会跌大跟头的"。雷夫敢于放手、善于放手，乐于让学生参与实践、乐于让学生自己摸索，这是我们教育中最缺失的。

四、教育要着眼于孩子终身发展

"经济学的天空"这一章节开阔了我的视野，让我感受到不一样的精彩。雷夫说："我想教孩子终其一生都派得上用场的技能"，"聪明的学生在购买不动产之际，也开始了解所有权的价值"。雷夫在帮助孩子们学习"储蓄"的同时教给了他们另一项重要原则："延迟享乐"。而"理财""时间管理"等方面的内容在我们的基础教育中基本缺失。雷夫还非常重视阅读，重视读写结合。读到这一章节，我马上联想到苏霍姆林斯基，这位教育家同样非常重视阅读，重视师生的广泛阅读。

今天把种子种到修整得极好的土壤里去，却远不是明天就会长出幼芽的。今天所做的工作，在许多情况下，要经过若干年才能对它做出评价，这是教育工作非常重要的规律之一。所以，我们要把正确的事情坚持做下去，边做边静待花开！

（本文原载《宝安日报·光明教苑》2013年2月26日）

论班级契约管理的策略

经济社会体制的转型，拓展了社会的公共空间，也为现代公民人格的生成拓展了空间。学校德育必须摒弃传统的培养服从意识的“国家人”的观念，要积极培养权利与义务并重的现代主体。班级契约管理对此大有裨益。

一、契约与班级契约管理

“契约”一词源于拉丁语，原意为“用铜片和衡具的交易”。“契约”就是“合意”，即特殊意志（个体、群体）与特殊意志在平等的基础上通过协商而形成的“共同意志”。“共同意志”一旦形成，对于契约主体来说就成为指向未来的隐性或显性的约束，而契约履行也意味着对主体之间在过去所形成的共同意志的尊重与恪守。

“班级契约管理”是以实现学生独立人格，使学生获得良好发展以及使班级良性运转为目的，以自由、平等为班级教育和管理的基本理念，师生之间在平等的基础上通过协商而形成“班级契约”，亦即“合意”。在履行“班级契约”的过程中，实现班级管理不断优化完善。它尊重师生自我意愿的表达和自主的选择权。师生都可以自由地对班级事务发表自己的看法，可以自主地选择同意或否决某个契约，修正其内容直到双方满意为止。

班级契约明确了师生各自在人、事、物等中的权利与义务，从而把外在的教育要求和行为规范，通过协商转化为师生的内在需要。因此班级契约管理有利于培养学生的公民意识、有利于促进学生的自我教育、有利于形成和谐的师生关系、有利于增强班集体的凝聚力。

二、班级契约管理的操作规程

（一）明确契约原则

当今，传统的“严管勤教”师生关系正面临着前所未有的挑战，“维护学生权益”已成为共识。教师必须按照国家的有关法律法规教育学生，超出这个范围向学生提要求，就没有法理依据了，学生有说“不”的权利。在班级实行契约管理时，教师必须摒弃“老师说了算”的陈调，允许学生说“不”。

进行班级契约管理之前，班主任先要诠释“契约”的精神实质。通俗来说，一是己所不欲，勿施于人；二是答应别人的事一定要做到；三是如果实在做不到就要勇敢地说“不”。在此基础上，与学生沟通建立班级契约的重要性。在实践中教师还要不断强化这些观念，要让学生逐渐明了“自由是以不侵犯他人的自由为前提”，逐渐掌握客观审视自我、进行理性判断的技能，逐渐养成商定契约时各抒己见，达成契约后恪守承诺的习惯。

（二）制定班级契约

制定班级契约，要思考契约的内容。借用琼斯的理论，契约可以划分为“一般性”和“特定性”两种。“一般性契约”是指基本的道德行为，如尊重他人的隐私权、诚实不说谎话等。“特定性契约”包括做什么事情、怎么做、何时做，如发言前要举手、上课要注意听讲等。“特定性契约”的大部分内容在校纪校规中都有，因此师生都要了解校规的具体内容。

制定班级契约，要明确缔约的对象。当下多数班规是用来规范学生行为的，而班级契约师生都是缔约的对象。“一般性契约”中基本的道德行为，师生要约定共同遵守。商定“特定性契约”时，教师既要表达希望学生怎么做，更要倾听学生期望教师怎么做。彼此的期望一般就是缔约的内容。例如，学生承诺按时认真完成作业，教师也要保证及时细心批改作业；学生承诺上课认真听讲，教师也要做到认真备课并准时上课。一般来说，学校的管理制度既有教师行为的规定，也有学生行为的规范，师生要约定遵守各自的规章制度。这样一来，教师不是站在学生的对立面，而是互相期望、协商、约定、接纳，彼此适应对方需求，这样更容易建立和谐的师生关系。

拟定学习目标也是班级契约的重要内容。拟定学习目标是班级管理的常见办法，一般是教师综合分析班级学生学业水平、思维能力和学习状态，或亲自指导学生拟定学习目标。进行班级契约管理，拟定学习目标的形式就不同：除了具体学生具体分析、对学生提出具体的学习要求之外，教师还要向学生征询希望老师怎么做，希望家长提供什么帮助等，这都是缔约内容。如果师生都切实履行了契约，学生就不会总感觉是为了家长学，是老师压着自己在学。相反，学生会逐渐认识到老师是“重要他人”，家长是“坚强后盾”。

制定班级契约程序要合理。“正式契约一般包括初始阶段、运行阶段、发展阶段、终极阶段四个操作阶段。”一般来说，其过程大致包括班主任从多个维度草拟契约内容；邀请科任教师、学生讨论契约内容，提出特殊需求；拟初稿试运行；商讨改进意见；签订班级正式契约等七个操作流程。教师必须避免使用权威的态度对待学生，要鼓励学生提出对教师行为的适当期望。制定班级契约时，要清楚地界定适当与不适当的行为，并且尽可能正向、扼要地叙述。

（三）实施班级契约

实施班级契约，要坚持公平原则。首先，坚持师生平等。教师要与学生一样遵守班级契约，以实现教师与学生的平等对话。其次，生生平等。不管是谁违反了契约，都要对自己的行为负责。最后，只要遵守了契约，不管结果如何，都应该享受掌声。例如，学生努力用功了，遵守了契约，尽了本分和角色义务，就算最后没有实现目标，教师也要及时肯定其学习态度。

实施班级契约，要坚持弹性原则。美国教育学博士葛温统计发现，80%的学生都是遵守规则并认真学习的，15%的学生稍有些不适当行为发生，而有严重行为问题的学生约有5%。因此，可以在不损及其他学生利益的基础上，对这5%的学生采取弹性的处理方式，制定并实施适应其个性差异又能彼此同意的契约，从而让其感受到自我实现的满足。

实施班级契约，要坚持渐进原则。班级契约需要一个逐渐完善的过程，培养学生自主、自治、自律的能力的过程也不是一蹴而就的。教师首先要示范如何协商和制定契约，其次还要身体力行地进行班级契约管理，并利用班会、班际竞赛等机会培训班干部，让他们掌握契约管理的诀窍。待班级正常运转且班干部具有初步能力之后再放手。最后，班主任还要致力于“心理契约”的构建，用“共同愿景”来引领班级文化的形成。

三、班级契约管理的保障机制

（一）疏通协商渠道

班会、班委会、座谈会都是常态的协商渠道，调查问卷、周记、班主任信箱都是常见的沟通媒介。进行班级契约管理同样可以采用这些方式，使不同声音有自由表达的空间。通过这些活动来训练学生发表意见，倾听别人的观点，以及培养学生“服从多数，尊重少数”的民主态度。

针对新时期学生的特点，还要采用他们喜闻乐见的话题和形式进行沟通。例如，利用班级QQ群，让学生就重要议题畅所欲言；利用群邮件，让学生进行实名或匿名投票。还要及时与科任教师、家长沟通，使他们逐渐认同契约管理。

（二）实施合理奖惩

合理奖惩是教育公平的基本要素。班级契约也要有奖惩纲要，奖惩要和行为密切关联。“不施霹雳手段，哪显菩萨心肠？”惩戒不求严苛，而求庄重、有原则地严守双方既定的契约，要让学生明白契约也是有原则、有界线的。在执行上，先劝导不惩戒，一犯再犯则依规惩戒。过后进行个别谈话，让学生明白错在哪里。

实施合理奖惩，其前提是尊重，关键要“以生为本”，焦点应放在厘清引发行为问题的责任归属，教导学生对自己的行为负责，帮助他们从错误中重新站起来。而不是以奖惩的方式建立班主任的权威。所以，当有许多处理方法可以选择时，我们要选择最少侵害学生的方法。

吉诺特说过：“我总结出一个令人惊讶的结论，即教师是班级氛围的决定性因素，其个人的方法可以营造班级气氛。”综上所述，采用班级契约管理，我们能创造一个尊重学生公民权利的班级教育环境，且其影响将是深远的。

参考文献

[1] 黑格尔. 法哲学原理[M]. 范扬，张企泰，译. 北京：商务印书馆，1961.

[2] 孙卫红. 班级契约伦理的建构策略[J]. 教学科学论坛，2012(3).

[3] 田恒平. 班主任理论与实务[M]. 北京：首都师范大学出版社，2007.

[4] 张民杰. 班主任工作理论与实务[M]. 上海：华东师范大学出版社，2008.

（本文获2013年光明新区义务教育阶段优秀德育论文评比一等奖）

班级管理三部曲

各位老师，下午好！非常荣幸能来到有“雪域明珠”美称的林芝，来到美丽的巴宜区中学，和大家交流我做班主任工作的些许经历、体会和感悟。我分享的题目是“班级管理三部曲”。近年来，我参加过光明新区以及深圳市的班主任技能大赛，完成了“光明新区第二批中小学名班主任培训对象培训班”为期两年的培训，主持过学校的“班主任沙龙”。因此，我把自己参赛、培训的心得体会也融入了此次分享，希望我的分享能让大家产生共鸣，有所收获！

2007年9月，我入职公明实验学校（2011年更名为“深圳市光明新区实验学校”），担任七（3）班班主任，任教七（3）班、七（4）班语文。公明实验学校创办于2005年8月，由原公明镇周家村小学、塘尾小学、东坑小学三所村小合并而成。学校定位为实验性、示范性、带动性学校，是光明新区倾力打造的窗口学校。筚路蓝缕，砥砺前行，学校办学品位和办学水平快速提升，2013年被评为深圳市“市民身边的好学校”。

我入职那年是学校建校第二年。学校建设尚未完工，功能馆室、设施设备尚未完全到位，第一届学生还没有参加中考，家长对学校的信心还不够，生源自然不太理想。这种不理想明显体现在学生行为习惯和学习习惯上，如把鞋跟踩下来趿拉着走路、动辄爆粗口、上课趴台睡觉、课后不做作业的现象比较普遍。作为一名新手，我每天都要应对突发事件，活像个消防员一样跟在学生后面“灭火”，身心俱疲！

这种状态持续了一个月之后，终于挨到了国庆节放假。静下来复盘自己的工作，我认识到：班级50个学生，正处在“小升初”的心理动荡期，今天这个

"闯祸"，明天那个"惹事"，如果仅仅跟在学生后面当"消防员"，只会疲于奔命；如果像导游，举着小旗，自己在前，游客跟随，队伍或许并不整齐，但目的地却很明晰。因此，就要准确把握初中阶段各年级学生身心发展的特点和可能出现的问题，有班级建设的可行方案或问题解决的有效预案，就要提前预防，防微杜渐，发现问题，及时就问题进行沟通、强调、化解。

作为一名新手班主任，怎样才能既快又准地把握初中阶段学生身心发展的规律，了解各阶段班主任工作的要点重点呢？靠自己一点一点地在实践中摸索并积累经验，这是一个办法；站在巨人的肩膀上，用普遍的成功经验指导自己的实践，这也是一个办法。为了解决燃眉之急，我决定使用第二个办法：首先广泛阅读班主任工作相关书籍，如《班主任工作漫谈》《做最好的班主任》《班主任兵法》《班主任工作十讲》《问题学生诊疗手册》《班主任工作理论与实务》《优秀班主任60个管理创意》等，并用红笔将有效的方法策略圈画出来；其次将这些有效的方法策略进行合并和归类，通过合并找出典型经验，通过归类能找出班级管理的进阶路径；最后结合班级实际情况，制定班级建设长程规划——制度建设、班风建设、文化建设。

一、建立五项基本制度，建设和谐进取班级

我们应该建设一个什么样的班级？这是值得思考的问题。我引领学生围绕"什么样的班级是你心目中的好班级"，畅谈自己的设想。结合学生的创想，我提出建设一个"和谐进取"的班级。这基于两个原因：①"和谐班级"是学校德育评比项目，班级建设要和学校工作保持一致。②"进取"是班级管理现实需要。本班学生多为当地人，村里有年终分红，家里有自建楼出租，考不上大学，股份公司也有工作岗位安排。因此，成长内驱力不足，亟须被唤醒和激发。我们提出"严肃活泼，积极进取；健康文明，团结向上"的具体要求。围绕着班级目标和具体要求，我们建立了五项基本制度。

（一）综合考评制度

"不以规矩，不能成方圆。"班级管理也要立班规，班规应涉及学习、纪律、出勤、卫生等诸多方面。养成教育要出实效，制定并实施适用的班规是基

础。通过班规的制定和实施，引导学生向真、向善、向美；引导学生讲诚信、重信诺；引导学生通过改正错误和弥补不足逐渐养成好的行为习惯，形成优良的道德品质。

制定班规，要切合实际。不能用班级最高标准来要求每个学生，多数学生都做不到的班规，有什么用呢？也不能因为学生违反班规，就觉得失去了班主任的威信。制定班规，要达成共识。要经过研讨，让学生明白：班规有助于好习惯的养成、班规有助于好关系的建立、班规有助于好班风的形成。制定班规，要集思广益。先了解班情学情，接着组织学生学习《中学生日常行为规范》，组织学生研讨“好习惯有哪些”“班级有哪些需要改进的地方”，再发动全班同学撰写班规，整合成文，最后班委会、班会表决通过，签字确认，张贴公布。

七（3）班制定的班规是“十奖十罚”，浅显易懂、朗朗上口。即“①遵守校规校纪要奖，违反校规校纪要罚。②争取班级荣誉要奖，损害班级形象要罚。③积极回答问题要奖，从不举手答题要罚。④认真完成作业要奖，抄袭作弊偷懒要罚。⑤珍惜学习时间要奖，无故迟到旷课要罚。⑥努力超越目标要奖，落后竞争对手要罚。⑦帮助同学进步要奖，拒绝伸出援手要罚。⑧养成文明习惯要奖，固守恶心粗俗要罚。⑨值日勤勤恳恳要奖，劳动敷衍了事要罚。⑩干部履行职能要奖，带头违反纪律要罚”。围绕着班规，我详细地制订了“七（3）班学生综合考评实施方案”，这一方案是从纪律、卫生、文明、学习态度、是否进步等多个维度公平、公正、公开地考评每一个同学。做到“一周一评比，一周一小结，家长写寄语，张贴公告栏”。持续开展考评，加强宣传力度，让学生重视，家长在意，从而形成养成教育的合力。

（二）值日班长制度

班长是班级日常工作的组织者、协调者和督促者。这个岗位最能锻炼和培养学生的能力。采用值日班长制度，能最大限度地发挥这一岗位的育人功能，能最大效能地培养学生的自主管理能力。实施值日班长制度，也有现实的土壤。学校每天都会公布班级德育量化考评的分数，每周都会根据考评分值评比“绿色班级”，每学期都会根据“绿色班级”获得数量评比“和谐班级”。

《七（3）班学生综合考评实施方案》中明确了值日班长加减分要求，每个值日班长当值一天，获得“绿色班级”时加分，没获得“绿色班级”时扣分，3次失去“绿色班级”的退出值日班长行列，由其他同学轮换。

实施值日班长制度，要发扬民主，机会均等。教育的过程其实是人逐渐社会化的过程，今天接受教育的学生就是未来的建设者，是根据法律规定享有权利和承担义务的公民。在校期间，培养学生参与班级、学校治理的意识和能力，对学生的成长和发展大有裨益。因此，要把实施值日班长制度的意义、要求讲透彻，再动员鼓励学生积极报名，只要报名，都给机会。实施值日班长制度，要提前培训，适时指导。要和全体值日班长一起制定每日常规及值日要求，要做到“人人有事干，事事有人干”；要指导值日班长做好每日小结，要“看见”并“讲好”班级好故事；要引导值日班长形成感召力，不要抱着“我是管人的，管人很威风”的想法，要求同学做到的，自己先做到做好，检查督促制止时，既要坚持原则，又要态度温和，不要颐指气使。实施值日班长制度，也不能操之过急，要在班级管理走向正轨之后，再逐渐放手。

（三）班委议事制度

班级管理事情繁杂，如果班主任身陷事务性工作之中，就难于抽身去做创造性工作，如与学生的谈心谈话、班级的创意活动、家校的沟通协作，同时学生也很难锻炼管理能力。班级是班主任的“责任田”，更是学生的“加油站”。班级管理需要班主任的责任心，更需要学生自我成长的内驱力、自主管理的主动性。班干部是班集体的中流砥柱。充分发挥班干部的主人翁精神，能起到“四两拨千斤”的效果。我把“班委议事制度”作为培养班干部的主阵地。

首先，培养班干部的问题意识。让班干部主动操心班级的事情，关心班级需要改进的地方，并形成议题。班长搜集整理班干部提交的议题，我结合学校工作节点指导班长根据轻重缓急排序，选取最重要的议题。其次，班干部围绕议题撰写各自的解决方案，在班委会上进行陈述交流。最后，班长合并汇总对策举措，形成实施方案。

表1　班委会议题示例表

序号	议题	举措
1	晨读效果不好，怎么办?	提前布置晨读任务；科代表提前领读，先齐读再自读；早读课，老师要抽查背诵过关
2	班干部怎样才能发挥带动作用?	自律，学习态度积极主动，成绩不断进步，才有说服力。敢管，把班级话题往学习上引
3	怎样把“漂流书屋”用起来?	每位同学自带2本好书用以“漂流”；从第四周开始举办好书推荐会；语文科代表负责管理
4	运动会参赛的组织与分工	分竞赛、表演、后勤保障、宣传报道组；做好大本营纪律、卫生管理，确保人人参与

此外，议题还有“班级很浮躁，怎么办？”“怎样避免班级两极分化？”“迎接期末考试，七（3）班怎么办？”“管纪律时，有同学冷嘲热讽怎么办？”……班委议事，培养了班干部关注现象、发现问题，准确归因、分析问题，落实对策、解决问题的能力。而举措落地、效果显现，也能增强班干部的成功感，这就形成班干部培养的良性循环和有效机制。

（四）每周班会制度

班会是班主任或班委对班级进行有效管理、指导和教育的重要形式。按照学校规定，每周一下午都有一节班会课。我高度重视班会课，力争和班委一起，策划好、组织好、开展好。

班会有德育专题活动，如环保教育、禁毒教育、交通安全教育、法制教育等；有班级事务处理，如班干部选举、“校园之星”推选、每周小结等。还有系列主题班会，七年级上学期侧重“养成教育”，如“我有一个好习惯”“怎样做一名合格的中学生”“学会‘出口成章’，拒绝‘出口成脏’”“与陋习告别，同文明握手”等；七年级下学期侧重“学法指导”，如“怎样做作业才有实效”“怎样提高课堂听讲的效果”“怎样整理错题本”等。

班会是德育社会化的重要途径，能有效培养学生集体参与能力。我把班会视为班级活动的重要内容，在班会中，注重训练学生了解遵守会议规则，准确发表个人观点，认真倾听其他同学发言，得体地陈述反对意见；注重培养学生“服从多数，尊重少数”的民主态度。

（五）周记制度

周记有利于班主任了解学生的情绪及心理变化，拉近班主任和学生的心理距离。对班主任来讲，周记可以积累青春期学生心理动态变化的素材；对学生来讲，周记可以倾诉心中烦恼，利于心理健康。周记多自定题目，有时也结合学校或班级近期主要工作，规定题目，请学生发表见解。例如，期中考试前布置周记《我的目标我实现》、考后写《我为自己打个分数》；运动会前布置周记《我能为班级添光彩》、会后写《我为班级出了力》等。我及时地批阅周记，既能和学生的心弦对准音调，也能为班会寻找创意，让班级活动始终贴近学生的需求。

二、营造积极向上班风，建设和谐进取班级

制度建设完善之后，我把工作重点放在班风建设上。我认为“和谐班级”应包括三个层面：一是人与环境的和谐。教室是教师的工作环境，也是学生的学习环境，因此，教室的环境布置很重要。教室环境要整洁有序、窗明几净、绿意盎然、书香浓郁。二是人际关系的和谐。好关系是好教育的前提。师生关系要和谐，要宽严相济、张弛有度。为师不忘童年梦，常与学生心比心。理解老师勤学上进，理解学生教在心灵。教师关系和谐，要宽容理解、同心同德；生生关系和谐，要团结友爱、互帮互助。对学困生不存偏见，施以援手；对优生要鼓励合作、共同进步。三是家校关系的和谐，要齐心协力、及时沟通。亲子关系和谐，要换位思考，包容理解。我从中提炼出五个关键词：“安静”“洁净”“上进”“尊敬”“亲近”，并从五个方面营造积极向上的班风。

（一）唱感恩歌曲

《跪羊图》是一首感恩歌曲，曲调优美。邱世和校长外出考察聆听此曲，觉得感人肺腑，返校之后，予以推荐。每天中午上放学期间，校园广播台准时播放此曲。接着，音乐老师教唱，全校学生传唱，确实发挥了很好的教化育人功能。后来，“四个一百”（百首名曲、百部名著、百部电影、百部名画）进校园活动在深圳如火如荼地开展起来，我们班也乘着东风，每天中午静听学唱感恩歌曲。

（二）听学生讲座

为什么要举行学生讲座呢？这基于三个理由：第一，初中生的成长规律。不少学生尤其是男生，初一初二比较懵懂，目标感不强，内驱力不够。到了初三，一下子懂事了，想学了。可之前的基础太差，漏洞太多，想跟却跟不上。所以，要注重学生之间的唤醒和激发，用优良班风影响学生。第二，青春期的心理特点。处在青春期的学生不喜欢“说教”，他们并不抗拒我们给的内容，而是抗拒我们给的方式。第三，选择适合的教育资源。一个班级的教育资源毕竟有限，要打开视野，选择适合的育人资源为班级所用。基于这三点思考，我邀请学生开设讲座，让同龄人用身边事说话（见表2）。

表2 学生讲座一览表

序号	班级	姓名	讲座题目
1	八（1）班	项凯琳	体艺特长生班，怎样做班长？
2	八（6）班	洪小霞	我是怎么养成学习好习惯的？
3	八（4）班	张　艳	插班就读，我的英语是怎么赶上来的？
4	八（3）班	李春权	课堂听讲怎样才能不走神？
5	八（4）班	唐　宋 薛舒墅	同桌之间怎样互帮互助共同提高？
6	八（2）班	陈嘉怡	怎样整理用好错题本？
7	八（2）班	陈淮安	家境优越也不能没梦想
8	八（1）班	严靖康	暑假工的酸甜苦辣
9	九（4）班	邹文晓	做一个有上进心的人

为了取得更好的育人效果，我平时爱跟学生聊天，了解学生群体中的“奇人异士”。询问主讲学生的意愿，征得其班主任同意之后，我再进一步访谈，寻找讲座的角度和事例。因此，这些学生讲座对班级学生的学习态度和学习方法起到了很好的促进作用。

（三）看励志电视电影

经典影视剧是很好的课程资源，在紧张的学习之余，我会挤出时间，播放一些影片给学生看，一来让他们享受难得的休息时间，二来用励志电视电影对学生进行理想教育和人格教育（见表3）。

表3　励志电视电影一览表

序号	片名	情节
1	《奔跑吧，孩子》	一所农民工子弟小学与一所都市小学合并过程中，爆发了一系列矛盾冲突，但经过大家的努力，矛盾最终得以解决，走向包容与理解
2	《一个也不能少》	10岁的张慧科因家里欠债无力偿还，不得不辍学到城里打工。代课老师魏敏芝决心把他找回来，单身一人踏上了进城之路
3	《放牛班的春天》	怀才不遇的音乐老师马修来到辅育院，决心用音乐的方法打开一群野孩子的心灵
4	《跳出我天地》	11岁的小男孩对芭蕾艺术有执着的爱，他冲破重重阻力，最终战胜贫困和偏见，实现了梦想
5	《卡特教练》	一个篮球教练率领一群看不到出路的孩子为梦想作战
6	《士兵突击》第7集、第13集	钢七连的入连仪式，让热血男儿感慨万千。 许三多演习归来，遇上即将复员回家的班长史今。满脸泪水的史今劝解要赖不让他走的许三多
7	《大宅门》第10集	顽劣少年白景琦故伎重演，想戏弄季宗布，被季宗布一一化解，白景琦终于折服，开始踏踏实实向老师学习真本事

怎样选择适合学生欣赏的好电影呢？看主题，是否有提振精神的正能量；看细节，是否有动人心扉的感染力；看台词，是否有蕴含哲思的丰富性。深沉的主题不一定符合学生的口味，关键是挑选既能引导学生向真、向善、向美，又符合学生的身心特点，让他们喜闻乐见的电视电影。此外，电视电影播放所需的时间很长，也需要精心地剪辑。

（四）开亲子班会

八年级上学期，我收到一封信，信是一位家长朋友写给我的。在信中，她写道："我也经常地与她沟通，但是效果不好，管不了两天，她又不会放在心上了，就是常言的左耳进，右耳出……"家长的苦恼溢于言表。而在日常我和家长交流的过程中，很多家长也表达过他们与孩子存在代沟，沟通不畅、沟通无效甚至反效的郁闷。怎样引导亲子有效沟通，从而消弭误解，增进理解，形成教育的合力呢？我冥思苦想，想出了"家书传情，爱在心灵"主题班会的点子。

这个班会可不是仅仅一封信那么简单！它是一个系列的流程。

（1）酝酿情感。精心组织群文阅读，如汪曾祺的《多年父子成兄弟》、梁晓声的《慈母情深》、史铁生的《秋天的怀念》《我与地坛》、赵丽宏的《挥手》、毕淑敏的《孩子，我为什么打你》、林海音的《爸爸的花儿落了》等。

（2）填写“品读亲情”调查问卷。例如，①爸爸妈妈有没有做过让你特别感动的事情？请详细描述一下事情的经过和你当时的感受。②你有没有做过让爸爸妈妈特别感动的事情，是什么事呢？当时他们有什么样的反应呀？③新的一年，你最想对爸爸妈妈说点什么等。

（3）学生撰写并封存“写给爸爸妈妈的一封信”。

（4）发放给家长的一封信，即《为孩子写一封珍贵的家书》。

（5）收齐家长写给孩子的家书。

（6）寒假返校后召开亲子班会。

“家书传情，爱在心灵”主题亲子班会效果很好！用邹文婵爸爸的话说：“这节班会课感人至深！美中不足，就是游老师没有准备纸巾！擦不了眼泪！”这个活动给我的启示是：教育教学中，要抓住闪现的灵感火花并付诸实践。这个主题班会以家书为载体，家书具有隐私的性质，我只能在写前稍加引导。家长的素养各有不同，家书的质量自然参差不齐。学生的情况较为普遍，较少品味感动，不善表达感动。之前，很多同学觉得“父母做的是普天下家长共同在做的，也没什么特别之处”。而主题班会之后，他们的情感得以唤醒。

（五）转化学困生

2012年10月，我聆听了杨瑞清校长《走在行知路上》的讲座。他说：“荷花盛开的季节，我们能看到尽情绽放的荷花，也能看到含苞待放的蓓蕾。蓓蕾终究会开放，你只需要静静地等待。我们的学生也是如此，用花苞心态看学生，学生只有两种——美丽的鲜花，可爱的花苞。”这段话深刻地启发了我：心有仁爱，静待花开，是学困生工作的根本原则。

针对青春期孩子的特点，表扬鼓励固然重要，但绝不是不要批评或惩戒，关键是有度有情，让学生心服口服。怎样惩戒？我借用了魏书生老师的方法——犯错误，写说明书；犯错误，做好事。例如，一个学生犯了错，惴惴不安地来到办公室，我搬个胶凳让他坐下，倒杯热水递给他，然后平静地对他说："你再回忆一下事情的经过，当时心里是怎么想的，你有哪些地方做得不妥当，如果这样的事情再次发生，你要怎么处理？"等水温正合适，学生喝上几口，我才正式和他聊。在学生说的过程中，我就看着他，听他说。等学生停下来，我会问："还有呢？"学生谈完，我一定会深入分析他错在哪里，这件事怎样处理更好。等聊完之后，我会请他就这件事，写一篇命题作文"听游老师讲道理"。要求是：谈经过、谈心理、谈错误、谈改正，写工整、没错字、无病句、讲技巧。一般情况下，要修改三遍，才能达到要求。两个学生起了冲突，处理的方式亦如此，只是事情的经过需要两人共同确认。如果学生"在同一个地方跌倒两次"，我会拿出之前的说明书，要求学生运用插叙或倒叙的方法，把两件事融合到一起，深刻认识错在何处。记得有一位同学屡错屡犯，我请家长帮他购买了一本精美的笔记本。我说："很多知名的学者、作家都有自传体散文集，如鲁迅的《朝花夕拾》、胡适的《四十自述》、季羡林的《留德十年》、三毛的《梦里花落知多少》等，你可以把自己的文稿整理誊抄到笔记本上，然后在笔记本的扉页上，为你的文集起一个好听的名字。"在征得学生及家长同意之后，每天下午放学后，他就来到我办公室，我备课改作业，他誊抄文稿……誊抄完毕，他把这本笔记本放在家里的保险箱。据家长说，一直珍藏至今。

三、树立班级核心精神，建设和谐进取班级

邹文晓同学的讲座《做一个有上进心的人》在班级引发热烈反响。因为，"邹氏三姐妹"在光明新区实验学校是传奇般的存在，邹文晓、邹文婵、邹文丹都是年级第一名，而邹文婵就在我们班级。"上进"成为我们班级的高频热词。在运动会上，班级表演方队打出了"我们是最上进的八（3）班"的红色横幅，成为开幕式上亮眼的那抹红！

（一）开展"上进心"大讨论

围绕"上进"和"上进心"，我鼓励学生查找资料，在班级开展大讨论，每个同学都登台畅谈自己的理解。最终，我们从三个方面，深化了对"上进

心”的认识：第一，什么是“上进心”？“上进心”即“进取心”，就是不甘落后的心。直白地说，就是积极主动去做应该做的事。第二，为什么要有“上进心”？物竞天择，适者生存，生活需要上进；时光匆匆，虚度可惜，人生需要上进；以梦为马，不负韶华，青春需要上进；书山有路，天道酬勤，学习需要上进。第三，怎样做才是有“上进心”？感恩父母，勤奋上进；理解老师，好学上进；团结同学，一起上进；克服懒惰，用心上进；告别拖延，扎实上进。认识上，不断明晰“上进心”的内涵；行动上，真正落实“上进心”的要求。通过讨论，班级学生知行合一，班风学风更上一层楼。

（二）做好“面对面”深谈心

到了九年级，学业和心理双重压力之下，学生容易胡思乱想，患得患失，内心焦虑，无法集中精力。怎样引导学生但行好事，莫问前程，积极主动做好应该做的事？我采用谈心的办法，包括两种形式：一种是个别谈心，一种是分层谈心。

个别谈心时，我问，学生说，我边听边记录。我一般和学生做如下交流：①你最近的状态怎么样呀？（学生一般答“还好”“不太好”“一般般”）②为什么这么说呢？哪些方面你觉得做得好？哪些方面你觉得还可以改进呢？你想怎样改进呢？③你需要老师为你提供什么帮助呢？到了下次谈话的时候，我拿出谈心谈话记录本，我会问：上次你说这几个方面做得好，坚持在做吗？你说这几个方面需要改进，怎么改进的，效果怎么样？采用这样的方式，不断把学生的心思和精力集中起来，以使学生达到心无旁骛的境界。分层谈心时，我根据学生的学习情况进行分组交流。或根据实际情况，对学生提出目标要求，或听取学生的意见建议，改进工作，或分享学习心得和学习方法。

（三）开展“肩并肩”小团建

体育中考结束后，大课间活动怎么安排值得好好思量。我联系心理老师、体育老师一起商量，我想利用这段时间进行团队拓展，放松学生身心，凝聚班级力量。我们设计了丢手绢、击鼓传花、信任背摔、十人十一足等游戏活动。

回顾自己的工作，总结他人的经验，我感受最深的有三点：①要和学生的心弦对准音调。学生有行为偏差，一定要正确解读他、理解他、帮助他。②要站在巨人的肩膀上。博采众长、博观约取，不能坐井观天、闭门造车。③要避免出现过度控制。要允许学生说“不”，事情要和学生商量着办。

（本文是2015年11月笔者参加中国民盟广东省委组织的赴西藏林芝助教活动讲座底稿）

中篇

学科教学

文言实词高效教学初探

文言实词教学普遍存在着“高耗低效”的问题。“‘字字落实，句句清楚’的‘八字真经’更被语文老师奉为圭臬，以致使人误认为教文言文就该这样教，考文言文就该这样考，舍此别无他途。”有没有高效的方式达成文言实词的教学目标呢？钱梦龙、胡明道、余映潮三位语文教育名家的文言文教学案例为我们提供了借鉴。

一、以文解言，以主问题设计带动实词教学

一篇好文章犹如一件艺术品，须从整体上加以把握，才能体悟到个中三昧。“但多少年来，文言文教学基本模式始终是老师逐字逐句串讲，加上一点古汉语知识的介绍；学生则忙于记词义、记译文。”这种细碎的“肢解式”教法，严重损毁了语文诗性的美感，激不起丝毫情感的微澜，文言文教学对师生双方来说，都成了一件最索然无味，但为了应考又不得不忍受的苦事。

为了改革文言文教学过程中存在的弊端，钱梦龙先生提出了“以文解言”的教学主张。“文言文教学必须首先树立一个观念：文言文，首先是‘文’，而不是文言词句的任意堆砌。教文言文，当然要指导学生理解词句，但理解词句的着眼点在于更准确、深入地把握文意；反过来说，把握了文意也可以更好地理解词句。把文言文作为文章来教，是更好地理解文言词句的需要。”

怎么做到这一点呢？他在《文言文非得“串讲”吗？》《文言文的教读》《文言文教学改革刍议》等文中进行了系统的阐释，提出了教学设计的三个基本课式，并通过《愚公移山》的教读进行了示范。

师：这篇寓言共写了几个人？大家一起说，我来写，好不好？我们先来熟悉一下这个人物表。大家说说看，这个老愚公有多大年纪了？（学生纷纷答，有人说“90岁”，有人说“90岁不到”）

师：到底是90岁，还是90岁不到？

生（齐声）：不到。

师：不到？从哪里知道？

生：“年且九十”，有个“且”字。

师：“且”，对！有的同学看书仔细，有的同学就有些粗心，那么，那个“智叟”是年轻人吗？

生（齐声）：老头。

师：怎么知道？

生（齐声）：“叟”字呀！

师：啊，很好。“愚公”和“智叟”都是老头，那么，那个“遗男”几岁了？

生：七八岁。

师：你又是怎么知道的？

生：从“龀”字知道。

师：噢，“龀”。这个字很难写，你上黑板写写看。（生板书）写得很好。“龀”是什么意思？

生：换牙。你看这是什么偏旁？（生答：“齿”旁）孩子七八岁时开始换牙。

师：再请你们计算一下，这次参加移山的一共有多少人？

生：五个人。

师：你们怎么知道的？

生：一个愚公、一个遗男，还有他的三个子孙。

师：三个什么样的子孙？

生：三个挑担子的，“荷担者三夫”。

师：你们怎么知道愚公自己也参加了呢？

生：“遂率子孙荷担者三夫”，是愚公率领子孙去的。

师：啊，讲得真好！那请你们再说说看，"遂率"前面省略了一个什么句子成分？

生：主语。

师：主语应该是什么？

生：愚公。

师：好！愚公遂率子孙荷担者三夫，主语补出来，人数很清楚，一共五个人。人数我们搞清楚了，下面再看看，这个寓言写了一件什么事？

……

在《愚公移山》的教读中，钱先生摒弃了"字字落实，句句对译"的传统教法，具体的操作步骤是：第一，"选线"。在认真钻研教材的基础上，尽力找到一根可以把众多知识的"散珠"串联起来的"线"。例如，教学《愚公移山》时，就是在学生自读的基础上，提出问题，感知内容。又如，提出"这篇寓言共写了几个人""参加移山的一共有多少人""这个寓言写了一件什么事"等关键性问题。这样，教学过程就显得"形散神聚"，避免了串讲法肢解课文之弊。第二，"串珠"。选取重点实词、特殊句式等基础知识，在整体感知的过程中予以落实，如上述片段的教学就解决重点实词"且""叟""龀"定语后置句、省略句两种特殊句式的教学。

"以文解言"的教读思路略其所以略，详其所当详，符合学生读文、认知的规律。学生作为阅读的主体，在这样的教学过程中确实可以受到很好的锻炼。我们可以采用"以主问题设计带动实词教学"的方式在实践层面复制和建模：首先，由学生自读，粗知文意；其次，教师提出主问题或者由学生提出问题，整体感知；再次，通过追问"你是从哪个地方读出来的"回归原文；最后，落实重点字词和特殊句式的教学。当然主问题的设计要依文体而定，叙事文可以让学生概括事件内容；写景文可以让学生概括景物的特点；说理文可以让学生厘清层次，概括作者观点……

二、授之以渔，以"学长式教学"点拨带动方法归纳

苏霍姆林斯基说："教育的技巧就在于，要使关于规律性的知识在长时间得

到应用。”胡明道先生深入领会这一点，提出了“学长式教学”。她认为：“课堂价值的评估不应该过多关注教师是否教了某项具体的知识，而应关注学生的认知规律及心理规律是否被顺应，学生是否参与学习了，是否学会了，是否会学了。教师是先学者，要在一个一个教学设计中向学生示范、展示思维过程，甚至是错误的过程，并且要能从无数个过程中，抽象出带规律性的方法，加大学生正迁移的概率。”《童趣》的教学充分展示了“学长式教学”方法点拨的魅力。

师：让我们进行第一次合作探究。我们采用“小合作”+“大合作”的方式吧。全文共4个自然段，每个小组合力译读一段，要注意：①读懂文章写的内容。②你是怎么读懂的？你用了什么方法？③你还有什么问题？（学生小组合作译读；教师巡回参与）

师：现在我们进行全班交流，也就是“大合作”，请同学们展示自己的成果吧！（学生接龙翻译，教师巧妙插话、点拨）

师：（第一自然段译读后）“睁大”从何处来？“所以”是怎样译出来的？

生1：“张目”的“张”可译为“睁大”。

生2：“故”可译为“所以”。

师：那么，你们发现的方法是——

生3：（抢着回答）可以用现在的词语去“换”。

师：（第二自然段译完后）其他组可像我一样向他们发问。

生4：你怎么知道“项为之强”是“脖子为这都僵硬了”？

生5：书下有注释呀！

师：哦，这可叫“查看法”，还有什么发现吗？

生6：我们读“夏蚊成雷”时，起初不知“雷”是什么意思，后来，看到下文有“飞鸣”及“鹤唳（书下有注释）”，于是反推回去，知道这里说的是“声音”，“成雷”是“像雷声”的意思。

师：太聪明了！你这可叫“反推法”吧！

师（第三自然段接力译完后）：其他组同学还有问题吗？

生7：我想问他们组，文中只有一个“常”，你为何译为“常常”？“定神细视”为何译为“定下心来细细观察”？

生8：我按今天的习惯，给它加了字。

师：哦！又发现了一个“加字法”。现在让我们再读一遍吧！……

师：刚才，大家在合作解读的过程中，自己发现了很多方法，如换词法、查看法、反推法、加字法等。可见，文言文并不难学。现在让我们充满自信，再读一遍课文。

《童趣》是初中第一篇文言文，学生刚刚接触，针对这个学情，教师提出了“读懂”和“方法”两个学习目标。摘录的这个教学片段目标是“读懂”，手段是“翻译全文”，事实上并没有摆脱“逐字逐句串讲”的窠臼，但其最大的闪光点就在于“学法点拨、方法指导”：胡明道先生善于调动学生，把学习的自主权完全交给了学生。虽有知识的获取和能力的习得，却丝毫不入传授、灌注的框束，虽有“方法”的预设，却让它巧妙地融入自主、合作、交流的学习中，教师及时精当的“拨问”“总结”起到了无痕的指导作用。

同样是“翻译全文”，在《邹忌讽齐王纳谏》教学中，胡明道先生设计了“自主学习、讨论交流”环节，提出了“小组合作学习”的方式，即通过自主破译、成果分享、温馨提醒，让学生了解应该而且必须知道哪些实词重要，哪些方法可用。提出“温馨提醒”“方法参考”的学习方式，真正地实现了从“扶你走”到“放你走”的跨越。

为了方便学生记忆，胡明道先生还将破译文言文的方法总结为朗朗上口的歌诀“借助注释第一招，语境推断也重要，古今异义需辨析，一词多义细比较”，并归纳成“借助、推断、辨析、比较”八字诀。授人以鱼，仅供一饭之需；授人以渔，则终身受用无穷。“教师在课堂上要做两件事：第一，要教给学生一定范围的知识；第二，要使学生变得越来越聪明。”教师要善于点拨，善于引导学生总结规律、归纳方法，善于教会学生思考，使学生不仅“学会”，而且“会学”了，学生才会变得越来越聪明。

三、突出重点，以学习活动带动实词积累

“落实文言文实词的教学，当然不是不分难易、不分主次，见一个敲一个。如果见到实词就敲，必然琐碎凌乱、肢解文章。”在《文言文教学不能以

偏概全》一文中，于漪先生总结了文言实词教学的实践经验：“古今意义相同的词语无须花工夫，学生就能理解；文言文中的单音词，现通常是用双音词表达的，只要善加点拨，指导学生在近义词、同义词中慎加选择，学生是能掌握的。重点要辨析多义词以及诸多义项之间的思维差别，要重视词类活用现象。”余映潮先生在文言文的教学中非常重视文言实词的辨析和积累。与“主问题带动实词教学”不同，他采用的方法主要是“学习活动带动实词积累”。例如，在《马说》的教学中他就进行了下列学习活动。

师：第二步是辨析积累（大屏幕显示）。这是你们的活动了，怎么辨析呢？文言课文中有很多词是反复地用，有的时候就表现出同形状但意义不同的情况，我们称之为一词多义。下面大家做这样一个活动，每个人找一组这样的词，两个字的形状是一样的，但是它们的意义不同。要一组一组地找，开始。（学生在课文中找，教师巡视指导，并提示学生把探索的结果写下来）

师：好，我们再做一个活动，在你认为同形不同义的词上画个圆圈，并用线连起来。（学生画圈连线）

师：现在就开始交流我们的学习所得。

师：你们看，我们通过这种辨析词义的活动可以找到很多组词义不同的词。反之，我们还可以找出很多组词义相同的词。它的方法可以是两两相比，甚至三个相比、四个相比。大家看课后练习题的设计，就是这样比出来的。因此熟悉了这个操作方法之后，我们就可以自己练习了，也能找出很多组词义不同的词了。好，这就叫“辨析积累”。

“以主问题带动实词教学”，学生对实词的掌握是零碎的、不成体系的，在教学流程上，停留在“老师问、学生答”的层面上，而采用“以学习活动带动实词积累”的方法，学生的积累是成块的、学生的思维空间比较大，避免了“问答交替式”的课堂流动模式，学生可以静静地自读、静静地思考，充分地活动、充分地交流，教师还可以随机点评进行方法指导。

文言文单元教学结束以后，采用这种方式进行“文言实词小词典”的积累效果尤其显著。教师要有意识地“左右勾连、古今互证”，指导学生进行积累，如“奔走相告”与“走马观花”，“莫名其妙”与“不能名其一处也”。

又如《生于忧患，死于安乐》中"必先苦其心志，劳其筋骨，饿其体肤，空乏其身，行拂乱其所为，所以动心忍性，增益其所不能"。加点词都属于文言词的使动用法，用"惊天动地""惊天地泣鬼神"佐证，可以帮助学生理解这一用法。在解释《小石潭记》"潭西南而望，斗折蛇行，明灭可见"中"斗""蛇"的用法就可以用"云集""席卷"进行例证。《醉翁亭记》"而不知太守之乐其乐也"中"乐"是意动用法，可以用学生熟悉的歌词"让我忧伤着你的忧伤，幸福着你的幸福"来加深学生的印象。这样不仅可以帮助学生记住一些文言词的古义，还加深了学生对现代汉语某些词语的理解，达到"学用结合"的效果。

此外，还可以开展"断句训练"的学习活动。古代典籍都是没有标点的，句读能读准，文意大致就能理会，如果有意识地根据不同年级学生的实际能力，适当选一些浅易的文言短文或语段，让学生"原汁原味读古文"，对学生断句有问题的句子进行适当结构分析，自然会提升学生对文言句式、词汇的领悟能力。学生的语感增强了，对文言实词的理解能力自然水涨船高。

三位语文教育名家的实践经验，为我们进行文言实词的高效教学提供了借鉴。"什么是最好的教育，即给学生能力相当的教育"，采用什么样的形式进行实词教学，还要根据学情具体分析。当然，"倾筐倒箧易，画龙点睛难，为教综详密，亦仅一隅陈，贵在令反三，触处自引申"。要致力于学生文言文阅读能力的提高，教师如果事事包办，不放手让学生动起来肯定是不行的。

参考文献

[1] 钱梦龙. 钱梦龙与导读艺术 [M]. 北京：北京师范大学出版社，2000.

[2] 钱梦龙. 我和语文导读法 [M]. 北京：人民教育出版社，2005.

[3] B. A. 苏霍姆林斯基. 给教师的建议 [M]. 杜殿坤，编译. 北京：教育科学出版社，1984.

[4] 胡明道. 胡明道讲语文 [M]. 北京：语文出版社，2007.

（本文获评广东省2010年初中语文文言文阅读教学专题研讨一等奖）

寻找图形板书的创意点

——由《语文学习》封二板书设计引发的思考

《语文学习》从2011年第一期起开始在封二刊登来自教学一线的板书设计。据笔者统计，一年来共刊登40个板书设计，其中“图形板书”23个，占登刊板书的“半壁江山”。这些“图形板书”首看生动直观，再品妙趣横生。笔者对这23个图形板书进行了归纳提炼，尝试寻找图形板书的创意点。

一、从文题入手，寻找创意点

在这23个图形板书中，《端午的鸭蛋》（第4期）板书设计为一个“双黄蛋”；《安塞腰鼓》（第7—8期）板书将主体内容设计成一面腰鼓，《干将莫邪》板书（第11期）采用“宝剑”的造型；《项脊轩志》（第5期）板书呈现为“轩”的形状；《醉翁亭记》（第10期）以一简笔画的亭子呼应文本的“醉翁亭”，并承载游记的主体内容。《三峡》（第6期）板书呈现为“峡谷”的形态，既形象化地解释了“峡”的词义，又浓缩了课文的结构和内容。

细细观察，这些文题皆题中有“物”：“鸭蛋”“腰鼓”“干将莫邪”是“物品”，“项脊轩”“醉翁亭”是“建筑物”，“三峡”是“景物”。文章以“物”为载体，或借物抒情，《端午的鸭蛋》中，“鸭蛋”承载着作者“热爱家乡，怀念童年”的情感；或托物叙事，《项脊轩志》中，“轩”是线索，悲喜都发生在小轩中，作者借记轩来抒发五世盛衰之悲，三代亲情之痛；或触景生情，《醉翁亭记》中，欧阳修借醉翁亭的山光、水色、人情来抒发自己醉意山水的情感、与民同乐的情怀。以上文题所列之物构图简单，用简笔画勾勒易达到"具体而微"的效果。《三峡》中，郦道元采用大笔点染勾勒神韵的手法，并非挥毫泼墨尽情描绘，所以板书设计也无须画一幅山水长卷，提取精髓简笔勾勒即可。

再反观教材，类似的文题很多，如《核舟记》《故宫博物院》《世间最美丽的坟墓》《我的第一本书》《小石潭记》《荷叶·母亲》《陋室铭》《爱莲说》《蜡烛》《项链》等，倘能够简笔勾勒"物象"，浓缩提炼文字，一个颇具韵味的图形板书就呼之欲出了。

二、从文旨入手，寻找创意点

23位板书设计者都非常善于抓住主旨来设计板书。或从主旨出发，提取概括，形成提纲；或选取词语，符号连接，再归拢到主旨上来。还有部分板书在提炼主旨的基础上，用图形板书把自己对文旨的理解呈现出来，达到了画龙点睛的效果。

《孔乙己》（第7—8期）在一层层"看与被看"的关系中，从"苦人、凉薄"的眼眸中落下一滴泪珠。这"泪珠滴落"的图画简洁传神，境界全出；"纪念碑"的设计既契合《〈黄花岗烈士事略〉序》（第11期）的文体，又暗合"痛逝者、勖国人"的主旨，形神兼备；《论语·君子之风》（第1期）王斌杰老师从"仁""智""勇"三个方面进行总结，简单框画，形成一个"品"字，暗含"君子有品，在此三端"的韵味。

《背影》（第5期）的板书采用"心心相印"的图案，张广武老师显然是在"父亲爱惜儿子的一股深情"之外，还看到了"在经历过家庭变故、社会动荡和人生奔波之后，朱自清对父亲情感的变化"。推而广之，对这种"烛照内心世界"的文章，我们都可以进行"心形"的设计。《羚羊木雕》是"伤心的撕裂"，《心声》是"童心的呼唤"。《与朱元思书》（第3期）的板书是山水小品，薛薇老师将"奇山异水"汇入一把秀美的折扇，如果将吴均"寄情山水，避世退隐"的高洁志趣也写进折扇，整体感会不会更强一些呢？其实《答谢中书书》《湖心亭看雪》《满井游记》的板书设计亦可如此，或稍加改进，设计成一幅半卷半舒的山水画卷。

从文旨入手，寻找创意点，要善于抓住文眼。在寻找《晋祠》（第10期）的板书创意时，颜碧伟老师抓住了“真不愧为我国锦绣河山中一颗璀璨的明珠”这一文眼句，然后紧扣“明珠”，用精练的文字、形象的曲线，勾画出一颗熠熠生辉的明珠，直观地反映出文章的表现手法、行文思路和主要内容。

抓文旨，关键在于文本解读。对文旨的理解不同，板书设计也会不同。23个图形板书中有两个板书设计均选取《我的叔叔于勒》一文。王君老师认为《我的叔叔于勒》（第1期）之所以感人，是因为它塑造了小人物的灰色人生，以及人在命运的大网中挣扎。罗列人物，逐一评价之后，再稍稍勾勒，笼罩着每一个人物的大“网”盖了下来。马昭文老师的板书（第6期）是小组活动探究的作品，以“铜钱”的形状，形象地描绘了资本主义社会人与人之间的金钱关系，菲利普夫妇居“钱眼”，“恨”“盼”“疑”“躲”各居一边。文本解读不同，板书设计呈现出的形态不同，但是板书设计的思路却相同。“人在命运的大网中挣扎”“资本主义社会人与人之间的金钱关系”都是抽象的概念，“铜钱”“网”却形象直观，在板书设计的时候，两位老师都采用了“化抽象为具体”的方法，稍有差别的是“铜钱”是勾画实物，“网”是汉字（象形字）变形。

经提炼而成的文章的主旨，如“父子情深”“世态炎凉，人情淡薄”“金钱关系”“理想信念”等都是抽象概念，需要我们巧妙地化抽象为具体。怎样化抽象为具体呢？除了勾画实物、汉字变形之外，我们的思路还可以开阔一点，笔者在设计《愚公移山》的板书时，运用了“杠杆原理”：太行王屋（不利因素）居一边，有利条件居一边，并以信念为支点。意为“给愚公一个信念，他可以移走太行、王屋二山”。

三、从文脉入手，寻找创意点

（一）从文脉入手，寻找创意点，需要弄清作者的创作思路

《声声慢》（第9期）的板书中“圆环”是板书的核心，由外而内，从“环境”经“行为”到“内心”，象征诗人被愁绪层层包裹的心。《动人的北平》

（第7—8期）中余桂萍老师将板书设计成“心形的项链”，红线上的内容是提取的关键词，是散文外在的“形”，中间品读出的城市文化内涵是散文的“神”。该设计是在厘清“形”“神”之后，着力体现散文“形散神聚”的文体特点。这让我想起了尤立增老师执教《项链》时的板书设计，他以“项链”为中心词，根据情节发展提取一个个动词，最终形成一串精美的项链。而这一串项链是在厘清情节之后，体现了小说情节“环环相扣”的特点。文体不同，但设计者厘清文脉，形成创意的思路相同。

（二）从文脉入手，寻找创意点，还需要抓住文体特征

《致西伯利亚的囚徒》（第6期）的板书设计中，王立军老师用两个感叹号形象地揭示出普希金政治抒情诗鼓动人心的特征，并从内容和形式两个角度来探究其富有鼓动性的原因。李大钊《艰难的国运与雄健的国民》同样具有这种“壮怀激烈”的特点，其板书可进行类似设计。刘军老师提取了《狼》（第9期）中的八个动词，用折线进行连接，折线的长度由短到长，既体现故事情节波澜起伏的特点，又巧妙表现出情况越来越紧急，屠户越来越紧张的心理。这让我想起于漪先生执教《变色龙》时的板书设计。她在《教学后记》中说：“板书设计主要考虑用两条线来表示多变的现象和不变的本质……没想到学生对板书提出异议，认为随着故事情节的发展，主人公在‘变’的进程中也在变化，不应该用等距离的波峰波谷表示，应该频率越来越快，距离越来越短，这样才能活画出这个势利小人的卑鄙灵魂。”这两个板书设计的共同点在于：都采用了折线连接的方式来表现情节的曲折，都运用折线的变化（长短的不同、频率的不同）来表示情节进展程度的不同。其不同点在于：《变色龙》的板书设计还抓住了关键词“变”来做文章，凸显了什么在变，什么不变，既抓住了文脉，又深化了文旨的理解。

总而言之，对类似《狼》这样情节曲折的小说，采用折线连接的方式设计的板书较为直观形象。对明暗线交织的叙事文本，在厘清情节、思路的基础上也可以用两组折线进行板书设计。对类似《变色龙》这种围绕关键词展开曲折情节的文本，可以“抓情节，理文脉”“抓关键词，析主旨”双管齐下。例如，《皇帝的新装》的板书设计就可以围绕“新装”，抓住“骗”字设计出别具匠心的图形板书。

（三）从文脉入手，寻找创意点，还需要了解作家的创作风格

《老人与海》（第11期）的板书就围绕着海明威创作主张——“冰山原则”来设计，朱建炜老师首先分析桑地亚哥的形象和环境描写的作用，再深入探究主题，在理解了象征的写法之后，设计者在板书中勾勒出冰山的轮廓，并指出前者是露出海面的八分之一，后者是隐藏海下的八分之七，从内容和形式入手，达到了见微知著的效果。

板书是课堂教学内容的结晶。寻找图形板书的创意点，不是“为板书而板书”，更不需要“图不惊人死不休”，图形板书的呈现应该是“预设与生成相结合，巧妙设计和灵活运用相结合，精雕细琢和不落痕迹相结合”，只有这样才能达到“浑然天成、画龙点睛”的效果。

（本文原载《语文学习》2012年第5期）

培养四种能力，促进专业发展

当今，青年语文教师的学历水平普遍较高，但学历水平不等于教学水平。能不能成长为一名优秀的语文教师，关键还要看青年语文教师在语文课堂教学的主阵地上怎样锻造自己。在专业成长的磨合期和发展期，青年语文教师要自觉着力培养和提高自己文本细读、教学设计、引导点拨、感染学生的能力。这是青年语文教师实现“教师专业持续发展”，成为优秀语文教师的前提。

一、文本细读的能力

陈钟樑先生曾说：“我认为，当前语文教学中存在的最大问题就是离开了文本。不走进文本，工具性和人文性都是架空的。现在很多语文课是架空的人文讨论。”语文教学必须回归文本，但能不能回归文本，要看语文教师能不能真正走进文本，把握文本情感和思维的脉动。大量课堂实例说明：语文阅读教学中很多问题的出现，都与教师对文本缺少深入的解读有紧密的关联。当无法进入文本内部，揭示深层的艺术奥秘，那么语文教学就只能在文本以外“打游击”，或顾左右而言他，或肤浅地“举一反三”。

文本细读至关重要，而这恰恰是青年语文教师最缺乏的能力，更进一步说，是师范大学中文系教学所缺失的教育。我们在大学期间，所学甚多的是在文学史的大背景下，在流派、思潮的大趋势下，在宏观理论的指引下，把握一种文学现象和文学创作。所以，当我们谈及一个作家、一个流派、一种思潮时往往能够侃侃而谈、滔滔不绝，倘要求就一部作品，尤其是一个短篇小说、一篇散文、一首诗歌做有深度的文学鉴赏和文学批评时，却只能像“握着烫手的山芋”。因此，青年语文教师要自觉地在文本细读上下苦功，培养“细微处见精神”的真能力。

“文本细读”基础是“读”，不读文本连基本的感受都谈不上，怎么能奢谈个性化的深入解读呢？对于语文教师不读课文的毛病，王荣生先生曾入木三分地反问：“为什么明‘知道’要关注文本，备课的时候却不去读一读课文呢？我确认：教师们是要求学生‘读’的……但教师们自己在备课时真的读过课文吗？”“文本细读”关键是“细”。钱理群先生的《解读语文》、孙绍振先生的《名作细读》，为我们提供了极好的文本解读范式，他们提倡既避免脱离文本的“过度阐释”，又能进入“文本隐性的深层”。我们可以在系统了解“文本细读”和“再解读”理论的基础上，可以参照他们的分析思路、过程，广泛地进行文学作品的阅读和鉴赏。在《语文的原点》一书中，黄厚江先生从自身丰富的中学教学经验出发，深入分析语文教师备课中文本阅读存在的问题，并分三个阶段提出独到、具体、可操作的策略，“实战”的效用极强。

“如果说我看得比别人更远些，那是因为我站在巨人的肩膀上。”这些卓有成效的尝试已经提供了很好的文本细读的路径，沿着他们的视线，有意识地抛开参考书进行文本细读；有意识地积累和使用第一手材料；有意识地以教材为原点进行拓展阅读，这样循序渐进地走下去，我们就会习得并逐渐提高“文本细读”的能力。

二、教学设计的能力

“教一篇课文，对学生进行知识传授和语文能力训练不能面面俱到，这堂课究竟要教给学生什么，是首先必须明确的问题。”会教的教一点，每一堂课都应该有一个教学中心，“许多的课的重大缺点之一，就是不善于明确提出课的目的并使课的一切方面、组成部分和阶段都服从于这一目的”。教师要善于甄选合宜的教学内容进行教学设计，从而实施有效的课堂教学。

青年语文教师要练“眼力”，练就抓取最佳切入点的“火眼金睛”。

一篇好文章总有一些言简意赅、言简意深、言简意丰的词句，所谓“一字千钧”“牵一发而动全身”者是也。进行教学设计时就要在文本细读、深入挖掘的基础上，抓住其内涵，提出主问题，整体带动学生对课文的理解和品读。例如，于漪先生设计的《茶花赋》的课堂教学，就紧紧抓住“心都醉了”的“醉”这一传神的关键词，运用前呼后拥的方法，着力敲打，讲深讲透，然后引导学生联系全文琢磨“醉”字引出了怎样一种优美的意境。

有些好文章具有明显的特征和代表性，其特征可能是显性的，也可能是隐性的，但是一旦被解读出来，往往可能被公认为是该文本的主要特征。进行文本细读时要善于抓住这种主要特征，进行教学设计时要发挥其“例文”的功能，把“教材内容”当作开发教学内容的凭借、手段，从而有的放矢地进行同一类文章、同一类语言现象的课堂教学。例如，在对巴金的《日》进行教学设计的时候，就可以抓住其“咏物”的特点进行教学设计，力求以这篇课文为契机，通过类似“咏物类”文章的补充和印证，使学生学会一点“咏物的技巧”。

青年语文教师要博采众长，熟练掌握一些好的教学设计模式。

俗语说“无招胜有招”，但可以肯定，“无招源有招”，因为招多了才能“见招拆招”，才能炉火纯青。于漪先生所说“我的语文课堂教学执意追求的是一种教无定法、学无定式的变化美……常取启发式、学导式、自学式等有效模式之长而自成风格、独为一体。这也是一种‘没有模式的模式’”即为有力的例证。教学设计的“招”就是“教学设计的程序和模型”。青年教师应该尽快了解和掌握各种课型的特点和模式，深入探究模式中每一个环节的设计意图。余映潮先生长期深入探索和系统研究语文阅读教学设计艺术，总结出“一线串珠”“板块积累”“变角逆序”“多角反复”等一系列教学设计的创新思路，这些都为我们的成长提供了丰富的养分。

我们需要通过学习名家的教学案例去接触、了解，习得更多、更好、更巧的教学设计。但我们更需要反复推敲的是：这些名家是怎样考虑教学内容对学生吸引力强弱发生变化的问题；怎样处理教学进程的起落变化对学生学习情绪的影响；怎样在课堂上形成高潮，在哪些地方形成高潮的问题。“问渠那得清如许，为有源头活水来！”只有这样进行深入揣摩，才不会生搬硬套，才不会“为设计而设计”，才会避免强分环节、肢解课文等损毁语文诗性的行为，才会减少无目标的教学环节，才不会造成“邯郸学步”的尴尬。

三、引导点拨的能力

如果说“文本细读”是要求“教师自己要明白”的话，那么“教学设计”就是要求“教师要把自己明白且适合教学的内容有效、巧妙地让学生也明白”。但要想使学生水到渠成地明白，教师就需要巧妙地引导点拨，“夫子循循然善诱人”！“死填硬塞”只会造成“学生不忙老师忙”的课堂状态，这样的课绝不是好课。

“不愤不启，不悱不发！”在最恰当的“点”上引导点拨，才能达到“举一反三”的效果。在进行教学设计的时候，要预设“学生会在哪些地方产生疑问”，然后筛选出具有一定深度、难度的问题，深入挖掘这些问题内在的思维联系，整合成主问题。教师把引导点拨的火力点集中到“主问题”，从而避免“满堂问”、火力分散的弊病。

青年语文教师要培养“点评”的能力，通过课堂上对学生精彩巧妙的点评达到“引导点拨”的作用。严华银先生从自己丰富的听评课经历出发，指出语文课堂“对话”中存在的问题：“教师对课堂中学生答问环节的处理，其简单、划一，叫人不理解。对于某一个问题，教师一般会请四五位同学起来回答……对这种差异很大的回答，教师的评说一般是这样的：‘你回答得很好！’‘你很大胆，希望你继续保持！’这一讨论环节结束，教师对学生的回答没有任何补充和纠正，即使有所不同，也只是有部分老师会对学生的答案，用比较大的声音做一次重复。”这就是语文教学的常态，因为“对话”“互动”的浅层，课堂呈现出“肤浅的热闹”。

要想挖掘学生思维的深度和广度，教师就要在引导点拨方面下功夫：首先，要“眼中有人”，认真倾听学生的发言，然后对学生的发言进行点评，点评不仅仅是对学生发言态度的褒扬，更应该是从“语文意识”出发，对学生的语言、思路进行综合的分析、提升，用精当的点评引导学生的思考；其次，要善于发现学生发言中的“闪光点”，这是语文课堂中促进“教学相长”的“生成点”，教师一定要抓住它，及时追问，启发学生深入思考，发挥追问的点拨效用。

“学源于思，思源于疑；疑是思之始、学之端，小疑则小进，大疑则大进，无疑则不进。”青年语文教师要探索“怎样引导学生提出疑问”。布鲁巴克说：“让学生自己提问题，是最精湛的教学艺术遵循的最高准则。”一堂课没有教师的提问不是好课，一堂课只有教师的提问，没有学生的提问同样不是好课。《故乡》的教学是钱梦龙先生“导读艺术的精彩演绎”。但这是长时间积淀的结果，如果只注意“让学生提出疑问”的外在形式，而不注重怎样指导学生提出疑问，怎样引导学生思考“什么样的问题才是有效问题”，结果教师的教学只能是有形无实，而学生也只能学得皮毛而已！

四、感染学生的能力

“兴趣已经激发起来即目的已经达到的标志，就是课堂上出现一种‘灵敏的寂静’的气氛。”感染学生不是表层地让学生情绪高涨、精神亢奋，而是拨动学生心灵的琴弦。让学生随着教师渐入文章之佳境，翱翔于文本提供的审美天地，在不知不觉之间，受到文本的熏陶感染，达到“随风潜入夜，润物细无声”的审美境界。

青年语文教师要想把课上得有感染力，首先就要锤炼自己的教学语言，确保清楚明白，力求优美生动。为了增强语言的感染力，语文教师还需要依照文本的语言风格，有意识地锤炼教学语言，使自己的教学语言和文本语言相得益彰，从而句句扣住学生的心弦。“语音、语调、节奏、速度、声情并茂的辞章，就像一根无形的指挥棒去掀动学生情感的潮汐”，于漪先生之所以能做到这一点，就是因为她能下苦功锤炼自己的教学语言——“我的教案写得极为详细，把所教之课的每句话都写下来，然后认真修改，用比较规范的书面语言改造不规范的口头语言，把多余的字、词、句、不合逻辑的地方一一删改、纠正，然后背诵出来，再口语化”。

青年语文教师要想把课上得有感染力，要重视朗读。陈钟樑先生说：“语文学科离不开朗读，在我的心目当中，一堂好的语文课首先读得要好。我听过一堂《我与地坛》，讲课老师读得很有感染力，深深地打动了学生，好像整堂课最精彩之处就是朗读。”朗读可以使学生从正确的语音、语调、节奏等方面直接受到作品的感染。教师伴着契合的音乐深情地朗诵（无须刻意地夸张），会把学生带入一种情境，达成了与文本的情感碰撞、融入和共鸣，并使学生自然而然地受到感染。在教学中，要重视学生的朗读，课文中的重要段落、关键词句要反复朗读，把无声的文字变成有声的语言，读出感情、读出气势，如出自己之口，如出自己之心，唯其如此，学生才能领略课文语言的神韵，才会兴趣盎然地学语文。

青年语文教师要想把课上得有感染力，还要重视自由宽松、平等和谐的课堂氛围的营造。在这一点上，余映潮先生的课堂尤其让人称道。他的教学语言简洁亲切，教学姿态平易近人，在提问的时候，一般用“请思考”“请回答”“请讨论”；学生回答完毕，通常会说“谢谢你的回答……”。沉浸于这样的课堂中，学生的心态肯定是愉悦的。

青年语文教师要想把课上得有感染力，还要善于“适时幽默一把”。幽默可以拉近教师与学生的距离，达到很好的教育效果，所以“备课也要备幽默”。但幽默必须是教学过程中自然生成的，绝不能单单为了“博学生一笑”而强作幽默。教学语言要和文本的风格保持一致，惨痛悲壮的情感来不得半点幽默。

青年语文教师要培养的能力很多，怎样去培养呢？“首先要点滴地积累作为一个教育者的智力财富和教育的明智。只有每天不断地补充自己的科学知识，你才可能在讲课的过程中看到学生们的脑力劳动：占据你中心的将不是教材内容的思考，而是对于你的学生的思维情况的关心，这是每一个教师的教育技巧的高峰，你应当努力向它攀登。”

参考文献

[1] 桑哲，等. 语文新课程名家访谈［M］. 济南：山东教育出版社，2010.

[2] 郑桂华，王荣生. 语文教育研究大系（1978—2005）· 中学教学卷［M］. 上海：上海教育出版社，2007.

[3] 于漪. 于漪与教育教学求索［M］. 北京：北京师范大学出版社，2006.

[4] B. A. 苏霍姆林斯基. 给教师的建议［M］. 杜殿坤，编译. 北京：教育科学出版社，1984.

[5] 严华银. 让语文安静：严华银讲语文［M］. 上海：华东师范大学出版社，2011.

（本文获第二届全国中学语文教师教学基本功展评论文评比一等奖）

教出新闻的“语文味”

——“北京喜获2008年奥运会主办权”教学设计

【教学目标】

（1）了解消息的基本文体知识，理解标题、导语的作用。

（2）整体感知课文内容，体会本消息中蕴含的丰富情感。

（3）培养学生概括能力，初步学习消息的写法。

【教学重点】

理解标题、导语的作用；体会本消息中蕴含的丰富情感。

【教学过程】

（一）导入新课

课前播放一分钟视频《申奥经典回顾》。有一些事件注定要镌刻进历史、有一些场景注定要定格成永恒、有一些文字注定要流传为经典。申奥成功，对中国人来说，注定要成为大书特书的不朽传奇，今天让我们一起来触摸新闻，重回那让人刻骨铭心的时刻！

（二）教学活动一：感知消息内容

（1）请同学们自由朗读课文，并圈画出你认为重要的信息。

（2）这是一则消息，消息就是用简要的文字告诉我们一个新闻事件，请问本文告诉了我们一件什么事？（分别找同学们回答概括的内容，并追问：“你是怎么概括出来的？”）

明确：①看“标题”——俗话说“看书先看皮，看报先看题”“标题是新闻的眼睛”“标题是新闻内容的高度概括”。②看“导语”——“导”是“引导”的意思，“导语”就是引导读者找到新闻的关键信息。导语一般是在消息的第一二段。

（3）除此之外，厘清消息的脉络，也能概括出新闻的内容。请同学们再读课文，根据课文内容的提示，拟出“国际奥委会第112次会议”的会议议程。

明确：①各申奥代表团做陈述报告。②进行首轮投票。③进行第二轮投票。④萨马兰奇宣布2008年奥运会主办城市。⑤签订2008年奥运会主办城市合同。

概括可以采用“谁”+“什么事”的形式；何时何地何人何事；事情的起因、经过、结果。例如，本消息可概括为：①在陈述结束后，经过两轮投票，北京赢得了奥运会主办权。②在陈述结束后，经过两轮投票，北京成为2008年奥运会主办城市。这样概括有难度，还是看标题、导语比较容易。

（4）本文有没有按照会议议程的先后顺序进行报道？作者是怎样报道的？为什么要这样报道？

明确：由主到次。消息呈“倒金字塔结构”。导语就是要先声夺人，就是要把新闻的结果放在最前面讲。写作导语时，一定要明确“什么事情是已经发生的新闻事件中最重要的”。

（三）教学活动二：体会丰富情感

（1）到课文第五段，新闻的来龙去脉已经交代清楚了，完全可以就此止笔，但作者荡开笔墨写了很多，作者又写了哪些内容？作者为什么要写这些内容？

明确：①国际奥委会委员向何振梁表示祝贺。（热泪盈眶，神态见“喜”）②国际体育界人士对北京获胜的反应。（赞不绝口，侧面写“喜”）③获胜后中国代表团成员的喜悦心情。（语言幽默，钢笔衬“喜”）④“该轮到北京办奥运会了！”本来上次中国就能赢，谁知国外“反华”势力从中作梗，两票惜败，我们与奥运擦肩而过，“该”有百年奥运的深深期盼，有水到渠成的自信，还有扬眉吐气的快意。（直抒胸臆，兴奋说"喜"）

（2）话里话外，字里行间我们都能感受到那涌动的"喜悦"之情，因为有了这些内容，消息主体内容更充实、情感更饱满。其实在消息的上半部分我们也能感受到"喜"，但是比较隐蔽，需要同学们用心发现，你发现消息的上半部分在哪些地方蕴藏着丰富的情感呢?

明确：⑤把所有的矜持都抛掉，让热泪尽情地流淌。（起笔抒情，开门见"喜"）⑥在这轮投票中，北京获得了56票，多伦多为22票，巴黎为18票，伊斯坦布尔为9票。（列举票数，数据证"喜"）

（3）"喜"是喜悦，也是激动；是兴奋，也是期盼；是自信，更是自豪。让我们带着喜悦情、期盼心、自豪感，再次朗读课文的第一、二段。（"把所有的矜持都抛掉，让热泪尽情地流淌"预备起）加进这部分内容，消息的主体更充实，情感更饱满，客观又不失情感。整篇消息都紧紧扣住"喜"来写，我们要不要把"喜"字写进标题?（引导学生品味用"赢"还是用"获"好）

（4）"北京喜获2008年奥运会主办权"已经概括了消息的所有内容，为什么作者还要使用副题"得票数比第二名多34票"?

明确：既体现消息"真实可靠"的特点，又流露出"高票当选""众望所归"的"自豪"之情。数字是枯燥的，数字又是鲜活的，枯燥的数字背后是鲜活的"自豪"之情。

（四）教学活动三：换角度写消息

（1）读了本则消息，我们可知，加拿大的多伦多是我们的主要竞争对手，请你以一名加拿大记者的身份，对北京获胜的消息进行报道。标题自拟，写好导语，选摘课文语句，写100字即可。

示例：

国际奥委会第112次会议投票表决

北京获2008年奥运会主办权

（加拿大《××报》7月13日电）当国际奥委会主席萨马兰奇宣布北京成为2008年奥运会主办城市后，除了沉默和叹息，没有什么能够表达多伦多申奥代表团成员此刻的心情。

为了申办2008年奥运会，多伦多做了积极的准备。但无奈遇到北京这样一个强大的对手，最终多伦多只能与2008年奥运会主办权失之交臂。虽然倍感失望，代表团成员们还是友好地向北京表示了祝贺："北京一定能举办一次精彩的奥运会。"当然，我们也要告诉世界，多伦多不说再见！

（2）同学们，今天高朋满座，嘉宾云集，这应该会成为学校的重大新闻。课后，请同学们运用今天我们学到的知识，写一篇新闻稿，由语文老师向学校投稿。

（本文是笔者在清远市2013年初中语文同课异构教学研讨活动中所执教公开课的教学设计）

小站位，大智慧

暑假，我找来期末检测的试卷重新翻阅，想具体分析一下学生得失分的情况。这不！发现了一个问题：两个反复强调的知识点，一、二两组同学完成得普遍比三、四两组的同学差，基础很好的同学理解也出现偏差，这是为什么呢？我百思不得其解。

开学后，我赶紧找几个同学“聊天”，其中一个同学突然说：“老师，您讲课的时候，能不能多往左边站一站？”我很纳闷地问：“为什么呢？”他诚恳地说：“您总习惯站在右边讲，时间长了，我们的状态就松弛了。注意力不集中，听讲的效果就差了。”听了他的话，其他同学也轻轻地点头。

我又认真查看了学生近期作业情况，右边两组的完成质量是要高一些。再找出自己录像课的视频留心一看，果然！站在讲台上时，我总习惯在右边板书，讲着讲着，总习惯走到右边的过道，提问时，也是三、四组的同学“近水楼台先得月”。

接下来听课的时候，我留心观察其他老师的站位情况。经验丰富的教师课堂站位很讲究。当重难点讲解、纠错时，他们站在讲台面向全体学生环视课堂；当合作探究时，他们走到过道，来到学生中间，进行眼神的交流、深入的追问，期许、称赞、鼓励、提醒都频繁发生，这利于形成亲切、和谐的课堂氛围；当堂练习时，他们沿过道走动，发现普遍问题，及时辅导答疑；遇到“开小差”的同学，他们静静地往旁边一站，就是一种“温馨提醒”。

青年教师的课堂站位大多比较固定，即站在讲台面向学生侧立或随着板书移动自己的站位，只是偶尔走到学生中间。听课时，我发现位置靠后或靠边的同学不能很好地跟随教师的思路，比较容易“走神”。

青年教师的站位为什么大多会固定呢？一方面可能是没有意识到站位的重要性，没有留心观察有经验教师的站位技巧；另一方面就是不熟悉教学内容。青年教师都能熟练地使用交互式电子白板等教学平台，备课时习惯将大量的教学内容、课堂提问，甚至教学过渡语都放到课件上。上课时，就用幻灯片将课件呈现出来，然后对着课件讲。因为要不停地使用鼠标点击翻动页面，活动半径大大缩小，站位也就因此被束缚了，也有使用翻页笔的，但频繁刷新页面，讲课效果终究不好。

青年教师要解决这一问题，首先要在备课上下功夫。只有教学内容烂熟于心，教师才能胸有成竹进课堂。很多教学名家早期都有对着镜子试讲的经历。其次就是要了解课堂站位和课堂手势语方面的知识，有的青年教师很困惑：“走下讲台，竟不知道手怎么放。”已经习惯某种站位的教师，也要科学地纠正。

教学是科学，也是艺术。教师课堂站位只是教学中很细微的环节，但用心揣摩，也能发现很多智慧寓于其中。

（本文原载《光明教育》2014年第2期）

分析小说主题不能“贴标签”

最近听《我的叔叔于勒》公开课，在总结小说主题时，授课教师做了如下分析：“为什么菲利普夫妇对于勒的态度前后不同，为什么近在咫尺他们却不肯相认？就是因为他们眼里只有‘钱’，小说正是通过对菲利普夫妇的讽刺批判了资本主义社会人与人之间赤裸裸的金钱关系。”教师总结完，坐在我身边的学生小声嘀咕：“若瑟夫难道不是生活在资本主义社会吗？”

学生的一声嘀咕引起我的思考，课后找这名学生聊，他谈了自己的困惑：“菲利普夫妇不能代表所有人啦，若瑟夫就是同情于勒叔叔的，他不是还给了于勒十个铜子的小费吗？”应该说这名学生有很好的“问题意识”，这也是探究这篇小说主题的必要品质。我认为学生之所以会感到困惑不解，主要是因为在分析小说主题时，教师只是在用抽象概念去“贴标签”，而没有引领学生走进文本，通过小说情节、人物形象的研读揣摩去感知提炼。

《我的叔叔于勒》中各人物对于勒的态度反差很大，特别是对于勒的称呼充满着戏剧性的变化，言语的变化自然折射出人物的内心世界。当“于勒把自己的遗产吃得一干二净，还占用了我父亲应得的那一部分”时，他是“坏蛋、流氓、无赖”；当于勒写信说“赚了点钱，并且希望赔偿我父亲损失”时，他是“正直、有良心的人”；当于勒衣衫褴褛、狼狈不堪地卖着牡蛎时，他又变成“贼、讨饭的”……经过这样的梳理，学生肯定会发现，称呼的变化是围绕着于勒的境遇（有没有“钱”）而变的，称呼在“变”，盯住“钱”始终不变。

梳理了不同境遇下各人物对于勒称呼的变化，还可以深入探究同一人物对于勒称呼的前后变化。我们会发现："好心的于勒、有办法的人""这个贼、这个讨饭的、这个流氓"都出自克拉丽丝之口，她和于勒没有血缘关系，因此"金钱"是她衡量评价的唯一标准，从极力夸赞到恶意咒骂，克拉丽丝对于勒的态度前后反差最大；"于勒""就……就是我的弟弟呀""这个家伙"是菲利普说的，他和于勒有血缘关系，因此他始终没有辱骂于勒，可是当"亲情"和"金钱"放在天平两端时，他最终还是倒向"金钱"，选择无情地"躲于勒"。和克拉丽丝相比，他的心理更复杂，这在他的神态、动作、语言中都细致入微地表现出来。只要结合文本分析，学生就能很直观地感受资本主义社会"人与人之间的金钱关系"。

若细读文本我们还可以发现，菲利普夫妇对于勒态度的变化并不是那个社会的个别现象。小说写道："人们按照当时的惯例，把他送上了从哈弗尔到纽约的商船，打发他到美洲去。"这说明"赶于勒"并不是菲利普夫妇的特殊行为，当时社会普遍如此。小说中还写道："我总认为这个青年之所以不再迟疑而下决心求婚，是因为有一天晚上我们给他看了于勒叔叔的信。"虽是猜测但联系语境可知，于勒叔叔的信对这个"没有什么钱的公务员"确实是一种诱惑。再看小说中船长冷冷的态度，对愁苦的于勒尖酸刻薄的谈论都能看出当时社会风气普遍如此。这样结合文本分析，学生才会加深"资本主义社会人与人之间金钱关系"的理解。

如果不细读文本就没有阅读感受，在分析小说主题时就容易犯"贴标签"的毛病。前文中授课教师在总结时说："小说正是通过对菲利普夫妇的讽刺，批判了资本主义社会人与人之间赤裸裸的金钱关系"，但细读全文后我们不禁要问，作者对菲利普夫妇的态度仅仅是讽刺吗？

诚然，在小说特别是"巧遇于勒"细腻生动的描写中，菲利普夫妇可鄙的形象跃然纸上。但纵观全文，小说多处用"我"的口吻交代了家庭境况。"我父亲做着事，很晚才从办公室回来"，可见父亲是勤劳的；"那时候家里样样都要节省……姐姐的长袍是自己做的"，可见家人是节俭的；"我大姐那时二十八岁，二姐二十六岁。她们老找不着对象"，可见生活是烦愁的；"只要这个好心的于勒一回来，我们的境况就不同了"，可见愿望是美好的。这些都不是无关紧要的闲笔，有了这样的交代，才能理解"钱"对于这种生活拮据家庭的重要性。有了这层层铺垫，我们才能理解菲利普夫妇的紧张、狼狈、暴怒和躲避，才能感受到菲利普夫妇的辛酸和可怜。另外，"我"叙述父母如何看待于勒叔叔时，虽然多少有点嘲讽之意，但语气却是善意的，也还是怀有同情的理解。也就是说，父母的"以钱论人"，绝非个人的道德缺陷，而是当时社会生活环境所逼，这就更强化了批判现实的功能。

关于若瑟夫在文中的作用，钱理群先生《略说〈我的叔叔于勒〉》一文已经进行了鞭辟入里的分析，这里不用赘述。他从故事叙述者，叙述视角的选择，从课文和原文增删对照中抽丝剥茧，分析莫泊桑的思想倾向，即"爱一切不幸者"——莫泊桑本质上是一位伟大的人道主义作家。这种深入解读同样是建立在文本细读基础上的。

这样进行细读文本、深入剖析后应该就能解答前文学生的困惑了。作为语文教师，我们应该养成细读文本的习惯，读得越深越透彻就越不会有标签式的概念，这样才不会造成学生的困惑，才不会阻碍学生对文本的多元化解读。

最后还想提及一个小插曲。评课时也有教师提出，把小说的主题归结为"资本主义社会人与人之间赤裸裸的金钱关系"是不是太老套了？我个人觉得这种说法失之偏颇，分析小说的主题要以文本为依据。对类似《我的叔叔于勒》《孔乙己》《变色龙》《范进中举》等深刻揭露社会现实的小说，采用"社会历史批评"的方法是合适的。分析小说主题不能脱离文本"贴标签"，也不能因为社会思潮的变化，就羞谈封建思想的毒害、资本主义社会的罪恶……总之，新潮解读也好，传统分析也罢，都要经得起文本的检验。

（本文原载《广东教学研究》2014年第6期）

从解题入手寻找阅读教学最佳切入点

选择切入点是阅读教学设计的关键。而课文的题目往往蕴含着丰富的信息，从解题入手寻找阅读教学的最佳切入点往往可以事半功倍。笔者在教学实践和案例研读中，对通过解题来选取阅读教学的最佳切入点的规律和方法，进行了系统的探索和总结，现陈述如下，以就教于方家。

一、从文题中关键词切入

有些叙事类文章的题目是主谓短语，言简意赅地概括了文章的主要内容。如《邹忌讽齐王纳谏》《愚公移山》《曹刿论战》《唐雎不辱使命》《烛之武退秦师》等，文题均有此特点。这类题目中往往有一个提纲挈领的关键动词，连接“施动者”和“受动者”。抓取这类题目中的关键动词作为阅读教学的切入点，引导学生从“为何”“如何”等角度深入探究，往往能够“牵一发而动全身”。

例如，《触龙说赵太后》，全文围绕着“说”字展开，教学时可从“说”字切入，引导学生探究“说”的起因、经过和结果，然后重点研读“说”的经过，鉴赏触龙高超的劝谏艺术。又如，《孙权劝学》，可抓取“劝”字切入，引导学生从“为何劝”“如何劝”“劝如何”三方面感知内容。再如，《伤仲永》，重心在“伤”字，“伤”既奠定故事情感基调，又蕴含悬念意味。扣住“伤”字来切入，从“伤”何事、如何“伤”两方面进行探究，便于理顺“一事一理”的脉络。

有些文章的题目是偏正短语，由中心词和在它前头起修饰限制作用的词组合而成，如《我的空中楼阁》《罗布泊，消逝的仙湖》《星期一早晨的奇迹》《装在套子里的人》《我们家的男子汉》《奇妙的克隆》《世间最美的坟墓》等。这类文章，在进行教学设计时，可以抓住修饰限制词作为切入点，引导学生直入文本，一气呵成，完成对课文的整体感知。

例如，在教学《故都的秋》一文时，肖家芸老师首先请学生读题悟题，在学生有了“中心内容是写秋景，‘故都’是限定词，暗示所写之秋是故都所特有的”这一初步认识之后，顺势切入，“故都的秋有哪些特色呢？这些特色集中体现在哪些段落的描写之中呢？”直入重点段落，为学生尽快打开自读局面，导引最佳航向。又如，李百艳老师在教学《了不起的粉刷工》时，紧紧抓住课题中修饰语“了不起”切入，抛出“汤姆究竟了不起在哪里？”这一基础性问题，既激发了学生走进文本，深入探究的兴趣，又能引导学生充分感知小说情节，为后续的教学打下了坚实的基础。

这两个课例都抓住了文题中修饰限定词进行切入。当然，因为课型、内容、目标的不同，前者主要是通过“调焦”圈定自读重点，后者更像“路标”指引学生朝特定的方向去思考。

二、从文题的语言风格切入

阅读是一个拾级而上的思维过程。阅读者一般首先要通过对词句篇章的整体感知，把握文章“写了什么”；其次，在整体感知的基础上，回过头来对词句篇章进行咀嚼鉴赏、品味推敲，明确文章是“怎么写的”；再次，深入探究作者“为什么要这样写”，揣摩作者构思的意图；最后，就文章的内容、表现形式做出评价。教学目标的设定，既要紧扣文本、学情，又要符合阅读的认知规律。

有些课文，其内容一望便知，语言却别具风格。“赏析文章用什么样的语言形式进行表达”应作为一项重要的教学目标。如果这种独特性在题目中也凸显出来，在设计教学时，可从文题的语言风格切入，重点赏析文章的语言表达和语言风格。

例如，《表哥驾到》是颇受中学生欢迎的儿童文学作品，语言的风趣幽默是其显著特点，这在文题中也体现出来了。教学时，李百艳老师从文题的语言风格切入。她首先请学生感知内容，自拟题目；其次与原题比较，通过对“驾到”的赏析初步感受“大词小用”的幽默效果；最后用“这个题目在交代文章内容的同时，也决定了这篇文章的语言风格”巧妙过渡，再顺势切入“请同学们在文中找一找能体现这种语言风格的段落或语句”，进而重点品读“作者怎样用充满个性化的语言来塑造个性化人物形象”。

一篇课文，究竟应该教什么？教师要善于取舍，切入点的选取事关教学内容的取舍。对于内容较浅但语言独特的《表哥驾到》，李百艳老师没有在感知文本内容上兜圈子，而是把重心放在语言学习上。另外，切入点的选取既要符合教学目标的设置，又要和后续的教学内容发生关联，以形成一条切入路径。正因为形成了“拟题—比照—调焦—品读”的切入路径，《表哥驾到》的教学流程才会自然流淌，奔向目标。

三、从文题的写法标志切入

托物言志、借物喻人的散文，题目一般会出现具有象征意义的“物品”，如《松树的风格》《白杨礼赞》等。作者要比拟或象征的某种精神、品格、人物、感情都寄托在该“物品”之上。进行教学设计时，要抓取此特有标志物切入，深入挖掘象征物和被象征人、物之间的内在联系。

例如，《爱莲说》是一篇托物言志的名文。题目中“爱”蕴含着作者对莲的感情，是题目中的关键词，“莲”具有丰富的象征意义。教学时可抓住“爱莲”切入，设置四个层层深入的问题：①作者爱莲，爱的程度深吗？②作者如此爱莲，到底爱莲的什么？③作者如此爱莲，爱的仅仅是莲吗？爱的还是什么？两者之间有什么相似点呢？④作者爱莲，赞君子，是为了表达什么？这样小切口、深挖掘，既揭示了象征的寓意，又能使学生理解作者含蓄表达出的志向和抱负，充分领略“托物言志”写法的妙趣。

这样切入的好处就在于它顺应作者的构思，形成了一条切入路径：首先分析象征物的特点；其次用问题“作者写的仅仅是（象征物）吗？作者写的还是什么？”巧妙过渡，转入对寓意、内涵的挖掘；最后用“两者之间有什么联系呢？”顺势再切，转入对构思、手法的领悟。整个教学流程衔接紧密，水到渠成。

小说和叙事散文也常以“物品”为题，情节或事件都围绕着“物品”来展开，起到线索作用，亦具有标志性特点。切入这类文章，可紧扣“物线”，或直接设问“请概括围绕（物品）写了哪些事”，或提取词语，梳理情节。例如，尤立增老师在教学《项链》时，首先请学生根据情节的发展，以“项链”为中心词，提取几个动词，形成几个动宾短语。采用这种切入的思路，巧妙达成了既引导学生整体感知内容，厘清故事情节的目的，又达成了训练学生概括能力的目的。

无论是暗含象征意义，还是一线贯穿全文，这类文题都具有写作手法方面标志性特征，在切入时，我们要抓取这种独特性，“批大郤，导大窾，因其固然”。

四、从文题的矛盾之处切入

有些文章，由于受所处社会环境的影响，作者只能采用委婉曲折的笔法来写作，命题也是别有讲究，看似相互矛盾，实则深沉有力。这样的文章，可以从揭示文题的矛盾之处切入，深入挖掘文章的弦外之音。

例如，《为了忘却的纪念》是鲁迅先生为了纪念“左联”五烈士，于1933年写就的著名杂文，可如是切入：“写文章就是为了纪念，为了不忘却，而这里的‘纪念’却是‘为了忘却’，这究竟是为什么呢？”然后让学生带着这个问题走进文本，感受作者悲愤交织的心曲。又如，《陋室铭》文字简约而意味隽永，是“气出来的名篇”。题为“陋室”，文却只字不提陋室之“陋”，切入时，可抓住“陋”与“不陋”间的矛盾，引导学生体会作者洁身自好的节操和文章反向立意、托物言志的手法。

有些科普小品文，为了抓住读者的眼球，文章富有“趣味”，题目巧设悬念。切入这一类文章，钱梦龙先生《死海不死》的教学是极好的示范。他首先请学生猜题：“今天一起阅读一篇说明文，它的标题很能引起阅读的兴趣，请猜是哪一篇并说说你这样猜的理由”；然后请学生回忆课文内容从而解答“死海不死”的悬念；短暂讨论“哪些可以不教”之后，便用“哪些地方引起你的兴趣？用了什么手法引起你的兴趣？”这两个问题再次切入，把教学重点落在赏析小品文的“趣味性”上。整个教学设计既敢于取舍又善于切入，为教学科普小品文提供了借鉴。

总之，题目是窥察文章的“窗口”，它们或概括文章内容、或点明行文线索、或揭示文章主旨、或亮出作者观点、或蕴含象征意义。切入时要因题制宜，结合文本，针对题目的不同特点、作用，选取最准的点、最佳的路径切入文本。

参考文献

[1] 肖家芸. 肖家芸讲语文 [M]. 北京：语文出版社，2008.

[2] 黄淑琴. 回归“原点”：语文阅读教学改革的反思 [J]. 广东教育学院学报，2006（2）.

[3] 李百艳. 上海名师课堂　中学语文·李百艳卷 [M]. 上海：上海教育出版社，2009.

[4] 钱梦龙. 我和语文导读法 [M]. 北京：人民教育出版社，2005.

（本文获深圳市教育学会2014年主题论文征集评选一等奖）

解题切入也要讲点技巧

“解题”即解析标题，通过对标题的感受、解释、剖析、比较，理解标题的含义，感知标题的基本内容。此外，通过深入挖掘题目在内容和形式方面的独特性，然后引导学生带着感受和问题走进文本，“解题”就具有了切入的功能。

一、猜题、激趣

“好的开头是成功的一半”，课也是如此，课的起始阶段一定要有吸引力。解题一般处在课始，所以要注重用解题激发学生的兴趣，引起学生求知的欲望。在教学中，可采用“猜题”的形式，解题、激趣乃至激疑。

常见的猜题形式有两种：一是列特征，猜题目。在学生预先不知道授课篇目的情况下，教师列出标题在文体、主题、内容、语言等方面的特征，请同学们猜猜要上哪一课。钱梦龙先生的《死海不死》是为范例，通过猜题既激发了学生的兴趣，又让学生感知了标题的趣味性，还以“趣味性”为切入口，引导学生探究科普小品文的语言特点。二是看题目，猜内容。例如，板书课题之后，请学生思考：“看到这个题目，你猜猜作者可能会写哪些方面的内容”；引导学生辨体析题，预知内容之后，用“那我们就带着好奇走进课文，看看你和作者是否‘英雄所见略同’”自然过渡，切入文本。

哪些题目可以采用“猜题”的形式呢？巧设悬念，使人产生好奇的题目值得一猜，如《奇妙的克隆》《好嘴杨巴》等；带有关键词，能“牵一发而动全身”的题目可以一猜，如《触龙说赵太后》《孙权劝学》等。猜题，一是为了激趣，二是为了预知，三是为了切入。教师要在这三方面巧妙设计，使之“骤响易彻”。

二、读题，感受

朗读是理解标题的重要手段，所谓“出于口，入于耳，了然于心”。读出重音，可指引学生找到关键词；读准停顿，便于学生找到语义重心；读好抑扬，利于学生初步感受情感。

哪些题目需要读呢？带语气词、情感词的题目肯定值得读。此外，长题目要读。例如，“人民解放军百万大军横渡长江”，学生在读题目的同时，感受标题蕴藏的英雄气概，继而顺势一问“文中还有哪些词、句给了你同样的感受”，巧妙切入文本。

偏正式结构的题目要读。例如，朱震国老师在教学《星期一早晨的奇迹》时，学生齐读课题后，追问“重音落在哪个词上”，再次读题后，请学生带着问题“奇迹为什么会发生在星期一的早晨，奇迹是怎么发生的？”走进文本。两次读题极其巧妙：通过读题，感受重音，感受了重音，就抓住了关键词——“奇迹”，抓住了关键词，就抓取了切入点，抓取了“切入点”，切入就水到渠成了。

带标点的题目要读。例如，“罗布泊，消逝的仙湖”，通过读题，学生才能体会到停顿的妙处、重音的落点，才能感受到作者的痛惜之情，才能带着对“消逝”的疑惑和忧患走进文本。“祖国啊，我亲爱的祖国”同样要读，经过朗读，学生才能感受到逗号停顿的巧妙。

读题时，可让学生自读；学生缺乏感受时，教师可范读，亦可通过增删标点的形式让学生品读。例如，在引导学生品味标题“我们家的男子汉”时，黄厚江老师就采用了加标点品读的方式：先请学生思考“如果要在标题后面加上标点，加什么标点好”，继而请学生再读，最后追问“读出了什么感情”。通过加标点品读的形式，调动学生的语感，使学生体味感情，深入解题。

三、揭题、提问

“题”本义是头的前额，“目”意为眼睛。文章之题目犹如人体之前额和眼睛，蕴藏着丰富的信息。"揭"既有"使隐藏的事物显露"的意思，又有"标示"的意味，所谓"揭题"就是使题目中蕴藏的信息点显露出来，并把它设置成指引学生感知理解、深入探究的路标。一般来说，揭题、提问是阅读教学比较理想的一种策略。

通过分析"揭题"的含义，我们可以明确："揭题、提问能否成功，关键在于教师能否准确抓取题目中蕴藏的信息点，并以此切入设计出有效的问题。"例如，若题目中有一个提纲挈领的关键词，揭题时，就要引导学生抓取关键词，然后围绕它来设计问题。如果题目是偏正结构，就要抓取修饰限制词的意义直入文本。此外，题目的语言风格、写法标志、矛盾之处都是"信息点"所在，要善于抓取。

揭题、提问时，我们要充分考虑课时安排、提问目标、问题难度，再来设计提问。新授课又带悬念的题目，学生容易产生新鲜感和好奇心，此时教师可在"疑"处设问，如"胡同也有文化，什么是胡同文化"，甚至可以直接引导学生质疑"看到这个题目，你有什么疑问"，然后让学生带着问题走进文本去解疑答疑。

起始课，教师要善于通过揭题，提出基础性问题，为后续开展丰富的语文学习活动打下坚实的基础。例如，"了不起的粉刷工，了不起在哪里？""伤仲永，王安石因何而伤？"……设计这样的基础性问题，要紧扣教学目标，紧抓中心内容，充分考虑阅读的起点，指引学生走进文本。

提问质量和问题设计有着密切的关系。"妙在这一问"，教师要磨炼揭题、提"主问题"的能力，要善于设计中心问题，让其他问题在主问题的链条上自然、流畅地转换和过渡。在这方面，黄厚江老师《装在套子里的人》的教学堪称经典：课始，揭题、提问，"小说的标题叫'装在套子里的人'，现在请同学们快速阅读课文，数一数别里科夫身上有多少套子"，"找套子"这一设计真是别具匠心，通过这一主问题，组织学生进入文本，初步感知人物形象。还可以继续设问，"数不清的套子里哪个是最主要的套子"，了然无痕地过渡到下一步的学习。

揭题、提问事关切入，尤其重要，因此教师不能随便一问，而要深思熟虑、巧妙设计。课始，通过揭题、提问，引导学生走进文本、感受文本，从而引导学生整体感知、理解内容。在此基础上，再有逻辑、有层级地提问，通过问题的解决渐次深入地研习文本、理解文本，领会写法、理解主旨。只有这样，提问才是有效的。

四、换题、比较

乌申斯基说：“比较是一切理解和思维的基础。”运用比较的方法，关键要选好比较点，换题亦如此。增删调换题目中的哪几个关键点？通过比较凸显原题的哪些特点？为什么要换题？对这些目标点，教师要心中有数。

换题，是为了加深学生对文章主旨的理解。当学生对文章主旨理解不到位、不透彻、存难度的时候，教师可考虑通过更换课文的标题，通过对“关键点”的比较、赏析，来加深学生对文章主旨的理解。例如，为了加深学生对“沙皇专制制度的罪恶、契诃夫矛头所向”的理解，黄厚江老师比较了《套中人》和《装在套子里的人》两种译法的区别，学生通过对“装”字比较、赏析，从而突破了难点。

换题，是为了加深学生对语言风格的感受。有些文章语言风格独特，标题别具匠心。这时可通过换题，加深学生对语言的感受，并以此切入，使学生品味文本的语言特色。例如，朱震国老师在教学《差不多先生传》时，去掉“先生”一词谈区别。学生很快体会到作者用“先生”一词的妙处——嘲讽式、冷幽默。

换题，是为了加深学生对情感基调的把握。例如，《罗布泊，消逝的仙湖》文章字里行间充满了强烈的忧患意识，为了让学生充分感受文章的情感基调，可将题目换成“罗布泊消逝之谜”进行比较，学生在品味赏析之后，对文章的情感基调将会有更深刻的感受。

明确了换题的目标，还要采用最佳的换题方式。学生可自拟题目跟原题比较，学生拟题的过程是多角度感知内容的过程，拟完题，教师顺势过渡“同学们自拟了不少题目，但作者为什么用××作题目呢”，使学生自然而然进入精读阶段。

教师可增添删改题目跟原题比。例如，作者为什么不说是“我家的男子汉”，而说是“我们家的男子汉”？“我”和“我们”表达效果有什么不同？又如，“题目是‘伤仲永’，试问题目上的这个‘伤’字是否可以去掉？题目改为‘记仲永’行不行？为什么不是‘伤方仲永’？二者有什么区别”？一般情况下，教师增添删改的多是修饰限制词、关键词和表情感基调的词。此外，教师还可呈现文章不同版本的题目进行比较。在学生进行比较赏析的过程中，教师要善于追问，力求解读深入。

五、添题，概括

“发现的艺术就是正确概括的艺术”，语文学习活动中的“概括”，就是在通读课文的基础上，要求学生用自己或课文里的语言，简明扼要地叙述内容。文章的标题，其外在形态往往只是一个词、一个短语或顶多一句话，教学时，可让学生“添题”，通过这一活动形式使学生从不同的角度和侧面概括课文内容。

添题一般有添加副标题、添加小标题和在原题上添加修饰、限制语三种形式。例如，宁鸿彬老师在教学《皇帝的新装》时，让学生以“一个____的皇帝”的句式给课文加一个副标题，看着学生阅读课文、认真思考后的添题，我们有理由相信，学生大致了解了皇帝的形象特点。

添题，只是一种手段，以语言学习为抓手，引导学生饶有兴致地走进文本，理解课文内容才是目的。有了对课文整体感知的基础，才利于进一步深入阅读。

总之，我们既要善于从教学目标的达成出发，通过分析题目的特点来抓取最佳的切入点、选择最好的切入角度，又要学会采用合适、巧妙的解题切入方法进行切入，这样才能切中肯綮，游刃有余。

参考文献

[1] 朱震国. 上海名师课堂　中学语文 · 朱震国卷 [M]. 上海：上海教育出版社，2009.

[2] 黄厚江. 语文的原点：本色语文的主张与实践 [M]. 南京：江苏凤凰教育出版社，2011.

[3] 黄厚江. 语文课堂　教学诊断 [M]. 南京：江苏教育出版社，2011.

[4] 程少堂. 程少堂教育理论与实践探索 [M]. 深圳：海天出版社，2006.

（本文获深圳市教育学会2016年主题论文征集评选一等奖）

如何“用教材教”

——以《第一次真好》备课为例

是“教教材”还是“用教材教”？绝大多数语文教师都认同“用教材教”。但日常观课时，笔者发现不少教师对“用教材教”的理解存在误区：或解读不够，教学内容偏移；或抛开文本，盲目拓展迁移；或脱离学情，拔高教学目标……笔者试以《第一次真好》备课为例，浅谈对“用教材教”的理解。

一、“用教材教”，教什么?

王荣生教授提倡，教师要利用教材积极主动地开发出自己的“教学内容”。能否开发出“教学内容”，关键看教师能否吃透教材。

《第一次真好》是一篇短文，在文中，作者周素珊详写第一次看到结实累累的柚子树，第一次看到十姊妹孵出的小鸟，又说到许多个“第一次”，作者总结自己的感受，并在结尾表达了自己对读者的希望，“愿你珍重第一次”。

教材编者把本文选入人教版七年级上册第二单元，这个单元选的都是有关人生的课文。教材编者在文前的提示语中说“尝试第一次有时需要勇气，但往往有意想不到的收获。怎样才能获取更多更宝贵的生命体验？这篇短文将给你深刻的启示”。从教材编者的角度来看，这篇课文教学的重点应该放在“唤醒学生的体验，感受并理解本文的主旨”上。

从教师的角度来看，这篇文章内容和形式简单，主旨也不难理解，但很有特点：一是画龙点睛。抓住结尾句，也就领会了作者的写作意图。二是紧紧扣题。文章紧扣“第一次真好”来写，抓住题目中的“真好”，问一个“好在哪里”，就是抓住了中心。“真好”比“好”情感强烈，文中记叙部分很多词语，如“如此丰硕”“眼巴巴”“突然大叫”等都隐含着作者的情感。三是选材独到。详写的有植物有动物，有静有动，有突如其来的惊喜，也有情感的微妙变化，各有特点，详尽精致。四是详略得当。详写了两个“第一次”，其余六个运用排比，巧用省略，既能使内容更加充实丰满，又能唤起读者的联想。五是叙议结合、夹叙夹议，笔法灵活多变，生动活泼。

从学生的角度来看，课文内容较贴近生活，理解难度不大。先看字词方面，“风情画”“低回”“玲珑剔透”“雏形”“具体而微”不好理解。因为地处广东又深受网络用语的影响，有些同学会把“偶一抬头”中的“偶”理解成“我”的意思。再看内容方面，课文写了哪些第一次，哪些详写，哪些略写？引入这个问题，学生能直观地看出来，但可能不会使用“有详有略”进行概括。接着看手法方面，如果提问“第一次真好，好在哪儿”，能很快在原文中找出相应语段，但可能不会使用“夹叙夹议”进行概括，如果教师不点拨提醒，很少有学生能感悟到本文“扣题的巧妙”。最后看主旨方面，学生能抓住主旨句，因为人生阅历和体验的不足，对“愿你珍重第一次”可能会泛泛而谈。

从三个角度解读课文之后，能理出《第一次真好》基本教学内容：①读懂课文，理解重要词语的含义，结合语境，赏析部分词句在文中的作用；②理解“愿你珍重第一次”的含义；③结合文本，感受理解本文的写作特点。

二、“用教材教”，怎么用?

通过中外语文教材的比较研究，王荣生教授曾鉴别出语文教材选文的四种类型，或者说选文的四种功能，即“定篇”“样本”“例文”和“用件”。

《第一次真好》这篇短文，虽然文质兼美，但绝非“人生”话题的经典之作，无须作为“定篇”来教。学生在阅读中不存在太大的困难或问题，也不宜当作“样本”。这篇课文可当成“例文”来教，以某个点和某个侧面为例，使学生透彻地学习语文知识，包括诗文和读写诗文的事实、原理、技能、方法、策略、态度等。可当成“用件”来教，利用选文所讲的东西或者从选文所讲的某一点触发，使学生从事相关的听说读写的活动。区别在于“例文”偏重语文知识的学习，“用件”侧重选文内容的触发。

正如上文分析，因为阅历和感悟有限，对于“生命中的第一次越多，生命也就愈益多姿多彩”“愿你珍重第一次”学生可能会有所理解，但从这一“论题”出发，补充材料，要求初一学生展开议论，难度较大，效果也不会理想。通过分析本班学情，我认为《第一次真好》不适合当成“用件”在本班教学。

正如上文分析，《第一次真好》虽然简单，但是写作特点突出。“扣题”“详略”“叙议结合”“画龙点睛”等术语概念，学生初次接触，课文提供了直观的“教具”。《义务教育语文课程标准（2011年版）》也明确要求：“写作时要根据表达的需要，围绕表达中心，选择恰当的表达方式。合理安排内容的先后和详略，条理清楚地表达自己的意思”，“要重视写作教学与阅读教学、口语交际教学之间的联系，善于将读与写、说与写有机结合，相互促进”。综上，我认为《第一次真好》作为“例文”是合适的。

当作“例文”，不能面面俱到，只能以“某个点和某个侧面为例”，在多角度解读课文的基础上，我选择“扣题的艺术”作为“例点”，统领《第一次真好》的教学。

三、“用教材教”，怎么教?

一堂好的语文课，主要的标志是教学内容正确并使学生有效地获取相应的经验。要使教学内容集中并让学生学得相对透彻，就要进行教学内容的整合和教学流程的设计。

（一）解题切入

学生读题，教师设问：课题“第一次真好”含有几个关键词？顺势切入。

（二）巧理文路

1. 先看“第一次”

文中写了哪些第一次？哪些写得具体，哪些一笔带过？教师小结：有的详写，有的略写，这叫“有详有略”。

自读课文，你从文中哪些词语直接看出或隐约感受到这些事是“第一次”？学生品味“从来不曾享受过”，“都只能够在图画、照片、电视和电影中看到”，教师小结：作者或用“第一次”直接扣题，或用词句隐约点题，我们在记叙文写作中也要学会扣题点题。

2. 再看“真好”

“真好”，好在哪里？学生找出重点词，品味理解议论句，议论点题，“愿你珍重第一次”画龙点睛，升华主旨。教师追问：“这些词句主要集中在哪些段落？”“看看这些段落和叙事段的位置有什么特点？”教师总结：这叫“叙议结合”，确切地说是“夹叙夹议”，还有一种是“前叙后议”。

“真好”和“好”有什么不同？教师接着追问：“真好”的情感更强烈，文中详写的两件事，你从哪些词语中能感受到作者强烈的情感？学生品味：“偶”不经意间的惊喜；“如此丰硕”的赞叹；“这景色不见得很美，却是一幅秋日风情画”矛盾处的惊奇；“眼巴巴”，“突然大叫”等词中孩子的神情、心理。然后教师总结：这些词语紧扣“真好”，暗含情感，也是“扣题”。

（三）方法迁移

讲述你自己的“第一次____真好”，请采用教师总结的方法扣题点题。

综上所述，“用教材教”“教什么”要正确，对教学内容要有自觉意识；“用什么”要选择，要通过解读文本甄选合适的点；“怎么教”要设计，使教学内容相对集中而使学生学得相对透彻。

参考文献

[1] 王荣生. 语文科课程论基础［M］. 上海：上海教育出版社，2005.
[2] 王荣生. 听王荣生教授评课［M］. 上海：华东师范大学出版社，2007.
[3] 中华人民共和国教育部. 义务教育语文课程标准（2011年版）［M］. 北京：北京师范大学出版社，2012.

（本文获深圳市教育学会2015年主题论文征集评选一等奖）

例谈现代文阅读专题复习的“迂回”策略

“迂回”本是军事术语，是指为避免正面对抗，寻找对手暴露的问题，绕到对手侧面或后面以实施包抄歼灭。在此，予以借用，想谈谈现代文阅读专题复习怎样通过“迂回”解决难点，从而规避“学生篇篇练习，老师题题讲解”的高耗低效的语文教学现状。

一、“迂回”的基础：精准的学情分析

“迂回”是策略，目的仍是解决学生现代文阅读的难点。如果单刀直入能帮助学生很好地解决考点疑难，就无须“迂回”。若讲练低效，则需要先解决其他牵制性的关联问题，从而突破难点，这就是“迂回”。要不要“迂回”，怎样“迂回”，都建立在精准的学情分析的基础上。

分析学情要“望闻问切”。“望”是指观察学生的课堂反应，推知学生整体掌握情况；“闻”是指聆听学生课堂答问，分析学生思路清晰与否；“问”是指通过调查问卷，了解学生疑难问题；“切”是指通过得失数据分析，判断学生共性疑难。分析学情要“重心下移”，不能让个别语文基础好的同学的学情替代了整体学情。

分析学情要辨清“病症”和“病灶”。试举辨别说明方法为例，有的同学会错把“举例子”的“例”写成“列”，有的同学会错把“举例子”写成“举例论证”。“病症”相同，但“病灶”却并不相同。前一种情况多因为粗心，后一种情况则是因为文体知识的混淆。如果后一种情况居多，就表明在文体知识的介绍上，教师功课做得不够。接下来，有必要选取典范的说明文和议论

文，对比阅读，加深学生对概念的理解。

辨清“病症”和“病灶”，才便于“迂回”。例如，“分析论证方法及作用”，不能准确作答的“病症”相同，但经过细致的学情分析，会发现存在两大类四小种“病灶”：第一，不能准确辨析论证方法。主要原因有：①审题不清，没有辨析“哪种”和“哪些”的不同。②概念不清，没有理解“讲道理”和“道理论证”的不同；没有结合概念理解“比如”既能是“举例论证”也能是“比喻论证”的标志词。第二，不能准确分析论证作用。主要原因有：③思路不清，不能从“论证内容”和“论证效果”两方面来分析论证作用。④论点不清，分析论证作用不能准确落到“论证了什么分论点”上。

再深入分析一步，②③问题可直接在本专题解决。①是审题问题，此处可先点到为止，待同类资料丰富之后，可设计“审清题意，明晰要求”的专题，引导学生总结归纳题干常见要求。例如，“不超过10个字”是字数要求；“阅读第3—8段”是范围要求；“填写表现作者心理变化的词语”是词性要求；“用四字短语填空”“参照示例句子”是短语句式要求；“按照时间顺序，梳理……”是答题顺序要求等。学生的审题能力提高了，问题①也就迎刃而解了。

分论点多是语段的中心句，④的问题说明学生抓取语段中心句的能力弱，而议论文语段结构较为简单，“总”“分”容易区别。找不到分论点，也说明学生厘清结构层次的能力弱。这样就找到了“病灶”所在。针对这一问题，整合设计“厘清结构层次，概括提炼中心句”的复习专题。表面上，这与“论证方法及作用”关系不大，但事实上，“概括中心句”的能力提高了，就能准确抓取“分论点”，论证作用的分析就顺理成章。

二、“迂回”的关键：有效的学习支架

学习支架是指能帮助学习者达到更高层次水平的工具、策略和指导。采用“迂回”策略，就是因为关联问题的牵制，会给学生的阅读造成障碍。搭建有效的“学习支架”，弥补学生不完整的认知结构或强化不够稳定的能力结构，从而将学生的阅读能力从现有水平提升到潜在水平。笔者采用过以下三种方法

来搭建学习支架。

（一）概念支持

现代文阅读，特别是文学作品阅读，其选文写作技法丰富。这些写作技法用约定俗成的文学术语来定义。准确地理解和运用文学术语对提高学生的鉴赏能力大有裨益，而课内，学生对文学术语的接触是随机的、点状的。当遇到文学术语时，有必要给学生提供“概念支持”。

教师应怎样提供“概念支持”呢？笔者曾以“技法”为主线整合课文，设计“技法及示例”专题，指导学生从课本中挖掘文学技法及典型示例。例如：《蝉》《阿长与〈山海经〉》中的“先抑后扬”；《走一步，再走一步》《爸爸的花儿落了》中的“伏笔”；《紫藤萝瀑布》《贝壳》中的“托物言志”；《芦花荡》《故乡》《孤独之旅》中的“景物描写”；《福楼拜家的星期天》《音乐巨人贝多芬》《列夫·托尔斯泰》《孔乙己》中的“肖像描写”；《羚羊木雕》中的“插叙”；《行道树》中的“对比”；等等，通过对课文典范材料的温故知新，加深学生对文学术语的理解。再从学生耳熟能详的课外名著中撷取经典片段进行必要补充。通过示例品读，简化复杂概念，降低认知负荷，其效果远胜过随堂的枯燥讲解。

（二）思路支持

“思路”就是思考的路径。在现代文阅读中，“思路”包括“作者思路”和“答题思路”。如果在阅读过程中，学生能够理解“作者思路”，就能较容易地理解文意。文章起承转合，学生往往因为忽略或抓不住“转”的部分，导致理解偏差，甚至读不懂选文。笔者曾设计过“抓过渡，理思路”的专题，引导学生通过寻找标志的词、句、段，如“既然”“因为”“虽然”“但是”“不仅如此”等，抓取“过渡内容”，从而厘清文脉。这种专题没有直接解决“考点”，但能“迂回”地给予学生思路支持。

现代文阅读答题思路很重要。应通过学习支架的设置，让学生在自主思考的过程中逐渐摸索出思考路径。“概括提炼中心论点”是常见考点，从标题入手是很好的提炼方法。在设计这一专题时，笔者没直接讲方法，而是请学生把《简单的意义》《另一种珍爱》《善败者不亡》《精神栖身于茅屋》《现代人须常存敬畏之心》《莫让“沙粒”藏鞋中》《小议传统读书教育》《还是要提倡淡泊名利》《特色是成功的催化剂》《别让灰尘落在心上》《积极倡导文学的教育价值》《说真诚》等22个议论文题目进行分类。在分类的过程中，学生逐渐发现有的标题是句子、有的标题是短语、有的标题是论题、有的标题是论点、有的标题用修辞。分类之后，利于学生根据不同类型的标题来提炼中心论点。这样的“迂回”，利于打开学生思路。

（三）语言支援

现代文阅读还存在这样一种情况：学生思路清晰，但“词不达意”，心中有，笔下无，找不到合适的词语来表达。此时，教师需要为学生提供语言支援。例如，在写人散文或小说中，常要分析人物形象或概括人物性格。很多学生读懂了文章但答不到位，让人不得其解，“望闻问切”之后才豁然开朗：原来学生尚不知道有哪些性格类型，对表性格的词语所知不多，这也难怪，学生的社会阅历毕竟有限呀。了解“病灶”之后，笔者曾设计了“人物性格及示例”专题，和学生一起梳理课文中出现过的人物性格类型。如①尖酸刻薄：说话带刺，冷酷，没有人情味。见《故乡》中的杨二嫂：“阿呀呀，你放了道台了，还说不阔？你现在有三房姨太太；出门便是八抬的大轿，还说不阔？吓，什么都瞒不过我。”②好强：同“要强”，好胜心强，不肯落在别人后面。见《台阶》中的父亲：“我连忙去抢父亲的担子，他却很粗暴地一把推开我：不要你凑热闹，我连一担水都挑不——动吗！”经过这样的梳理并随时添加新的示例，学生自己的“性格词汇表”不断丰富起来。这样的“迂回”专题不仅对分析人物性格有用，对人物描写的赏析同样有用。

当下，常见的现代文阅读专题复习依托资料进行，这些复习资料多按照文体编选例文，依据考点设计习题。它的专题设计有合理性，但弊端在于任何资料都无法基于教师所教班级的具体学情。因此现代文阅读专题复习有必要在学情分析的基础上，“迂回”扫清考点周边障碍，最终提升学生阅读力。

［本文原载《中学语文教学参考》（中旬刊）2015年第8期］

如何提高现代文阅读专题复习的效果

现代文阅读是中考语文考查的重要内容，一般是文体文阅读和文学作品阅读各考查一篇。常见的现代文阅读训练资料常按文体编排选文，分考点设计练习。这种训练模式有效果，但是学生一篇篇练习，教师一题题讲解，又确实存在高耗低效的问题。笔者试图从自身中考备考的经验出发，总结提高现代文阅读专题复习效果的方法。

一、注重整体感知，培养学生的理解力

在阅读讲练时，常见的教学形态是就答案讲答案，缺少对文章的整体感知。教师没有首先考虑学生是否读懂了原文，是否理解了文意，就讲解题目和传授方法，自然收效甚微。所以，现代文阅读应首先把根基放在怎样教学生读懂原文上。

如果关注点不是放在解题而是放在读懂文章上，我们就可以选取文思跌宕、情思丰富的例文，只要求学生整体感知即可。先理解文旨，重点回答文章写了什么内容，表达了什么情感，作者有什么思想倾向等问题。通过对这些问题的解决，提高学生概括内容的能力以及理解主旨的能力。再厘清文脉，重点分析事情的起因、经过、结果，情感的抑扬、起伏、变化。有意识地让学生找出过渡句，通过提取过渡句来还原文章思路，文章起承转合，要在“转”的把握和理解上让学生下足功夫。讲解习题前，可以把题目放到一边，先让学生概括选文的主要内容和中心思想，划分层次。这些方面的训练是当前阅读教学中比较缺失的，在专题复习时进行必要的相关训练，对提升学生理解力大有裨益。

二、注重学情反馈，增强专题的针对性

现代文阅读复习的高耗低效还表现在不注重学情反馈，一本资料讲练到底；考点的难易程度不管、学生的掌握情况不察，资料怎么编排就怎么讲。殊不知，学情是教学的起点。资料的编排依据考点、重在技巧，有其合理性，但它不是基于个别教师所教班级的具体学情设计的。只有及时反馈学情，始终立足学情，拟定专题复习的教学安排和课时计划，才能提高专题复习的针对性。

专题复习要始终把学情反馈和分析放在重要位置。反馈学情要“望闻问切”相结合，可通过作业情况分析、考试得失分析、课堂答问反馈、调查问卷反馈等途径进行反馈。在进行专题复习时，笔者常通过“板演”的形式当堂反馈。出示问题之后，常请中等学生在黑板上作答，其答题中的失误往往具有普遍性。讲评的时候，以之为底稿，增删调换，重组语言，明确思路，强调重点，针对性更强。

对反馈的情况进行归类之后，要各有侧重查漏补缺。个别问题就个别辅导解决，共性问题就在全班层面解决。当然，共性问题也有必要区别类型。

三、注重分解训练，优化专题的层进性

整体训练关注较多，分解训练研究不够，是当前现代文阅读专题复习普遍存在的问题。“考点一锅烩”，指导不到位，专题复习就难有好效果。因此要注重分解训练，提高专题复习的层进性。

有效的分解训练建立在课标研究、考点研究的基础上。对每个考点，教师都要进行两项研究：一是命题研究，即课标的要求是什么，考点的命题形式怎样，重难点是什么，易错点是什么；二是答题研究，即得分的关键点是什么，常用的答题方法有哪些……这样就可以按照考点的重要程度，学生掌握的难易情况，层进性地进行分解训练。

试以“概括提炼中心论点”为例来阐述，“本文的中心论点是什么？”是议论文阅读常规考点。就命题而言，若论点能直接从原文找到，多数同学都能正确作答；若论点不是一眼可见，需要加以概括，多数同学便不能正确作答。因此，这一类议论文的论点提炼就是难点。就答题而言，常见的方法就有看标

题、看首尾等。

在考点研究的基础上，笔者把本考点分解为四个训练点：①定义理解，辨别论点。论点是意思明确的表判断的陈述句，因此就罗列短语、问句、比喻句等例子让学生辨别。②分析标题，提炼论点。训练学生在“标题即论点、标题是论题、标题含比喻”的情况下，辨别提炼论点的能力。③找标志词，摘录论点。训练通过查找标志性语段、句子、标点，提炼论点的能力。④分析思路，概括论点。通过分析论证思路、定位观点句子、压缩提取主干三个训练步骤，准确概括论点。这样进行分解训练，层进性很强，利于学生拾级而上，突破难点，提高阅读能力。

四、注重读写结合，提高专题的综合性

现代文阅读例文要精挑细选，选择文质兼美的文章，可以将同一主题不同立意角度的文章放在一起。选文除了进行常规的现代文阅读训练外，还可以作为写作的范文给学生一定的参照，这样读写结合，既能提升学生阅读的能力，又能拓宽选材的范围，还能丰富立意的角度，专题的综合效用才算真正发挥。当然，这最需要教师下足功夫，广泛地阅读、甄选，编好自己独有的例文集。

现代文阅读中常考启示题，“读了本文，请结合你的生活实际，谈谈你对……的理解/你从中获得什么启示”。这样的题目因为没有参考答案，教师也就常常忽略放过。其实这是唤醒学生体验的重要途径。拿到这样的题目，若适当加以指导，指导学生以“自我”为圆点，层层向外，深入挖掘自己的班级体验、家庭生活和社区见闻等，学生则很可能就有了自己独有的情感体验，这对学生的成长是大有好处的。当发现学生的回答有了他独有的经历和感受时，教师就可以指导他抓住灵感的火花，进行适当铺垫和剪裁，谋篇布局，一篇习作就呼之欲出了！读是输入，写是输出，对于写作技法，学生若能适时加以运用了，其阅读鉴赏能力的成长自然不在话下。

五、注重总结归纳，提升学生的迁移力

现代文阅读专题复习可采用“整体—单项—整体”的模式，单项分解训练

之后，要总结答题思路、归纳答题方法、规范答题语言，然后再进行综合训练以提升学生灵活运用的迁移能力。

除了总结归纳答题方法之外，笔者认为还有两项重要内容值得总结归纳。学生若能掌握到位，同样有利于迁移运用。

一是文学术语。准确地利用文学术语答题是一种较高水平的鉴赏能力，其前提是深入理解概念，准确辨别选文特征。怎样达到这个目标呢？可以从两方面入手：可从语文课本中挖掘的典型课文、典型语段，如《紫藤萝瀑布》与“借物抒情”、《贝壳》与“托物言志”、《爸爸的花儿落了》与“明暗线交织”、《羚羊木雕》与“插叙”、《孤独之旅》与“情景交融”，等等，温故知新，加深学生对文学术语的理解。可从学生耳熟能详的名著中撷取经典片段进行必要补充。例如，景物描写有交代背景、渲染氛围、烘托心情、推动情节等多种作用，教材中的例子不够，也可撷取课外名篇示例，加深学生印象，这样有利于学生学会具体文章具体分析。归纳文学术语，只讲抽象概念会枯燥无味，结合示例讲解分析，效果会大不相同。

二是抽象名词。这里有笔者的一个实例。笔者将修辞手法的作用总结为“情态+情感”，描写手法的作用归纳为“情感+性格”。这在大多数情况下是适用的，但是学生的答题往往又得分不高。经过一段时间的学情反馈，笔者发现问题的症结在于：很多学生“不明白有哪些情感类型，或者心中有、笔下无，找不出合适的情感词语来表达”。所以笔者就把表心理情感的词按照“七情”——“喜愁哀乐悲恐惧”进行分类归纳，并结合课文和名著中的语段进行例说，专题讲解之后，一下子突破了瓶颈，提高的效果很明显。

总之，提高现代文阅读专题复习的效果，教学的立足点在于学情反馈，建立在充分及时的学情反馈基础上的专题复习是必要的。教学的提升点在于考点研究，教师只有考点研究到位，复习才能分清缓急，训练才能有的放矢，指导才能具体到位，专题复习才能低耗高效。

（本文获评广东省2015年初中语文复习课教学案例一等奖）

激发和保持学生阅读名著的兴趣

12月12日、13日，广东省2016年初中语文名著导读教学优秀课例观摩活动在深圳市龙岗区实验学校举行。在为期两天的名著导读观摩活动中，集中观摩了四节《〈骆驼祥子〉导读》、两节《〈昆虫记〉导读》、两节《〈海底两万里〉导读》、两节《〈威尼斯商人〉导读》、两节《〈简·爱〉导读》、三节《〈红星照耀中国〉导读》。涉及名著类型不同，有小说、有剧本、有纪实文学等，但都要求进行“整本书阅读的读前导读课”。

名著导读教学，“导”是方向，“读”是目的。“导”是教师激发学生兴趣，促进学生阅读的一种方式方法。为“导”出兴趣，教师要做好以下四点。

一、准确把握文本特点

不同体裁的名著，体式、特点自然不同。教师把握文本特质的过程，就是思考“导什么”的过程，所以很重要。以《威尼斯商人》为例，这是一部剧本。剧本的体式特点是什么？正如王鼎钧先生所说：“没有冲突就没有戏剧，冲突最重要，冲突推动事件使戏剧情节向前发展。通常，编剧家要使剧中人针尖麦芒互不相让。”“编剧只需从对话中去刻画人物性格，制造冲突，展现危机，推动剧情。于是编剧的全副精神放在对话上。好剧本的对话实在写得好。”因此，导读《威尼斯商人》，重点理应放在感受其“激烈的冲突和幽默的对话”上，厘清人物关系只是感受“激烈冲突”的学习支架，不应作为重点。再看《红星照耀中国》，这是一部历史纪实作品。对于历史纪实作品，首先要清楚它的史实，这是阅读的基本。但更重要的，应该是它的史识，即作者对史实的态度、价值取向，以及基本判断。

二、灵活运用导读方法

“导”之得法，才能“读”之有趣，教师要灵活运用恰当的导读方法，引导学生饶有兴致地走进经典。

（一）巧引

京剧主角出场时一个亮相，吸引观众，满堂生色。导读课也是如此，对名著的引入一定要巧。除了引用名家经典的推介语之外，还可以披露名著不为人知的秘密。例如，《〈简·爱〉导读》，11号选手这样引入：“有这样一则小故事，说在19世纪的英国，如果青年男女去相亲，那么男士一般都会问女子一个问题，什么问题呢？”问题抛出以后，有的学生说：“那个世纪可能更在乎家世吧，所以可能是你家有多少钱吧？”还有的说：“可能会问信仰什么宗教吧？”接着老师揭开谜底并顺势引入《简·爱》：“其实那个男士问的是，你读过《简·爱》吗？可见《简·爱》的风靡程度使它简直几乎成了生活的品位。今天我们来走进这样一本名著——《简·爱》。”学生一下子活跃了起来。

还可以在看似无疑之处设疑。如《〈昆虫记〉导读》，5号选手先问学生：“你知道哪些昆虫？”学生列举之后，教师顺势一问：“你们刚才提到了蝉、蚂蚁，那么蝉和蚂蚁，谁懒惰？谁勤快？”学生异口同声：“当然是蚂蚁喽！”教师追问引入：“真的吗？那我们就读一读《昆虫记》第86页至88页吧。”因为激起了学生的好奇心，学生迫不及待地去读原著。

（二）妙切

上好一节名著导读课，选好切入点、线非常重要。没有切入点，面面俱到，就会囫囵吞枣。例如，《〈骆驼祥子〉导读》，3号选手第一个环节“看谁答得快”，就提出了8个问题：“作者是谁？他出生在哪里？去过什么国家？写过什么作品？获得什么荣誉？主人公叫什么？他的职业是什么？他有什么心愿？”第三个环节“看谁会合作”，用思维导图梳理全书主要情节，即“三起三落”。因为没有选择合适的切入点，教师把这节导读课上成了名著简介课，学生跟着教师跑读，无所适从。同是《〈骆驼祥子〉导读》，2号选手选取了切入点——“祥子的命运变化”。先读第一节思考：初到北平时，祥子是一个怎样的人？再读第二十三节思考：祥子最终成了一个怎样的人？到底是什么把祥子从一个自尊好强、吃苦耐劳的质朴青年变成自暴自弃、吃喝嫖赌的行尸走肉？请读《骆驼祥子》吧！切两头，留中间，精读两节，学生可以读得从容深入。

（三）猜读

两天的名著导读课，很多教师都用了猜读。有的猜读确确实实把学生的兴趣调动起来了，但有些猜读好像纯粹是为了寻找教师希望学生去找出来的那个答案。猜读，它应该怎样去发挥作用？9号选手在《〈威尼斯商人〉导读》中的三次猜读值得咀嚼。

第一次猜读：今天老师要给大家推荐的这本书呢，要从一个离奇的故事说起。年轻美丽的鲍西娅是一个富家女，她聪明，又有众多的财富，追求者甚众，她简直就是人们心目中的女神。可是女神也到了出嫁的年纪，她要选择她的心上人。女神选择心上人的方式非常与众不同，她在众多的追求者面前摆放了三个箱子，我们不妨猜测一下，这三个箱子是什么材质？

第二次猜读：每一个来访者都只能选择一个箱子，然而只有选对一个箱子才能得到鲍西娅。如果选错了，会有一个非常严重的后果，大家猜测一下后果是什么？

上课伊始的这两次猜读，一下子把学生的兴趣调动起来了。学生接下来的表现让人拍案叫绝。他们的思维被激活了，妙语连珠。“一般这种东西，选铅的就是对的，这是套路。”“要我就选金的，我相信直觉。”“我可能会选铅的，因为一般有付出的东西才能得到收获。”学生阅读的热情被点燃了，迫不及待。他们快速翻开第67页，想从人物的对白中寻找箱子上面那行小小的字。

第三次猜读：现在出现了一个关键环节，我们不妨猜测一下鲍西娅用什么方法解决这“割一磅肉”的争端呢？如果你是鲍西娅，等着你救场。这次的猜测很有难度，学生陷入了沉思，终于有一个男生举手，他说“我不是想到，我是看到了”，接下来这名学生开始了“完美的剧透”，授课教师只好追问：

“那我们不妨猜测一下，如果你是鲍西娅，你有没有更好的方法呢？”可想而知，课堂陷入凝滞。

这三次猜读给我们的启示就是：猜读是建立在不知情的基础上，如果学生已经知晓结局，猜读也就失去意义了。第三次猜读，当这名男生说“我不是想到，我是看到了”时，教师是不是可以“喊停”：“你真是一个喜欢阅读的孩子，但既然已经看过了，能不能给其他没有看过的同学一次解密的机会呢？”猜读要有开放的语境，猜读没有对错，只有想象的激活。“钓鱼式”猜读，想从众多猜测中寻找一个“答案”，作为推进教学环节的“搭板”，这样的猜读，于学生无益。

（四）演读

很多教师都设计了“朗读”活动，分角色朗读，表演朗读……但演读不是简单的形式，而是要让学生对作品的感觉发生作用，这样的演读才有效果。正如于漪老师在《把无声的文字变成有声的语言》一文中说：“朗读的主要目的在于抒发情感，唤醒心灵，强化感悟。真正体会了作品深邃的情感，再用声音语气加以准确的表达。”比如，“简·爱”这节课里面，学生读第四章中简·爱和舅妈的对话，学生读完之后，教师点评说：“发现没有？这位同学读得真好！她读简·爱的话语时，我们听出来一种深情，不知道大家有没有这种感觉。”实际上简·爱的话是凶巴巴的，甚至是恶狠狠的。很明显学生没有体会到简·爱当时的心理，我们的教师也没有引导学生去注意、去体会。如果学生的演读不到位，教师需要引导学生去感受语言背后的潜台词，充分理解人物的内心世界，让学生慢慢地、细细地体会经典的味道。要让学生演读，教师应该要有相应的指导。

三、唤醒学生感受体验

名著导读教学是主体间性的对话，教师与文本、学生与文本，生生、师生之间的对话。在对话过程中，教师要注重唤醒教学情境中学生的感受体验。

（一）共情

共情又叫“同感、同理心”，是“体验别人内心世界的能力”。名著是文化的精华，学生咀嚼起来有难度。教师要善用“共情”，自己在阅读过程中，感名著中人物之所感，从而产生自己的阅读感受，这种感受值得和学生分享。11号选手在《〈简·爱〉导读》中两次使用“共情”。在读完封面上的语段后，教师分享说：“在和你们年纪相仿的时候，我读到了《简·爱》，那个时候我被这段话深深地打动了，这么十几年过去了，这炽热的情感和勇敢的追求，都给我留下了难以磨灭的印象。可当我工作后，再读《简·爱》的时候，更加打动我的却是这一段话：‘我要做你的邻居、你的护士、你的管家，我发觉你很孤独，我要跟你做伴——给你念书，陪你散步，坐在你身边，伺候你，做你的眼睛和双手，只要我活着，我就不会撇下你孤孤单单的一个人。’”在学生深情的朗读之后，教师再次分享感受。从现场看，两次“共情”效果很好。原因何在？第一次学生感觉到“哦，原来老师和我们的感受一样呀！”这既拉近了师生之间的距离，也拉近了学生和《简·爱》之间的距离，还让学生产生阅读期待。学生在老师的分享中，感受到阅读的轻松快乐。所以接下来“读对白，知人物”环节，学生读得动情，品得精彩。

（二）入境

在《〈骆驼祥子〉导读》中，2号选手创设了“第一现场”的情境，让学生当记者深入报道“一个人力车夫的转变史”。这节课学生的表现确实出色。难道是因为这个班学生特别活跃？我认为关键在于教师创设了很好的情境，让学生“入境”了。首先，教师设计的这个活动学生感兴趣，因为它和学生身边的生活发生了联系。其次，学生在参与过程中教师特别注意仪式感。非常郑重地把“记者证”交给学生，当时看到这个细节，我也暗想：“是不是有点形式主义？”可从后面学生的感受和反应来看，还真是把学生带到这个情境里面去了，让他们有了兴致。即使很简单的一些细节，对于我们活动的设计可能都会起到很微妙的作用。

为了带学生“入境”，教师要善于“讲故事”。“小说表现人生，故事就是人的欲望、行为、人与人之间的瓜葛。”在导读课上如何讲故事？这个也值得我们去思考一下。像《骆驼祥子》《海底两万里》《威尼斯商人》《简·爱》，故事性都很强，我们看到相关导读课里面所有的教师都在讲故事。那这些故事有没有把学生吸引住？有没有把学生带到作品里面去？有的有比较好的表现，有的却表现平平。这里面有故事挑选的问题，有教师语言乏味的问题，当然还有讲述的语言和文本协调的问题。9号选手自称是“移动的表情包”，她的语言略显急促，肢体语言丰富，这种声情并茂但不显夸张的讲述，和剧本激烈的冲突相得益彰，很能把学生带入情境。总之，在课堂上通过讲故事把学生带到其还没读过的作品里面去，是一个看似简单，对导读课却非常关键的内容。

为了带学生“入境”，教师要善于“设计活动”。《昆虫记》行文生动活泼，语调轻松诙谐。6号选手在对其进行导读时，先是让学生翻看目录，找出自己最感兴趣的章节，静静地阅读，然后“我为昆虫代言”，设计“微信名片”，包括头像、昵称、爱好、优点或缺点、个性签名、自我介绍等栏目。教师没有提出问题，而是把它变成一个让学生去读书完成的任务，变成学生根据任务去进行的一个活动。这种情境创设也能让学生“入境”。所以情境如何设置、如何实施，这个可以好好去思考。

四、巧妙留置空白悬念

（一）留白

课前导读哪些该讲，哪些要留白，很难处理，一不小心就“剧透”。例如，《〈海底两万里〉导读》，7号选手设计了5个教学活动：读目录尾声，画出目录中出现的地点，梳理游览的路线；寻找认识丰富多彩的海洋生物；了解猜测惊险刺激的探险故事；初步感受复杂神秘的各类人物；了解感受作者的不朽预测。游览路线、海洋生物、探险故事、神秘人物……一节导读课下来，学生似乎已经知道了剧情梗概。过多“剧透”，会不会让学生没有读整本书的热情了呢？

名著导读课往往选择整本书最经典的段落精读，而这些段落往往就是整本书最有吸引力的情节。读了这些段落，已经知道了结局，还有多少人愿意去细看起因经过呢？例如，两节《〈威尼斯商人〉导读》，都选择“割肉”片段来开展教学，在此之前，教师既介绍了主要人物，又梳理了大致情节。怎么留白？能不能借鉴古代评书“欲听后事如何，且听下会分解”的经验，在高潮将来未来之时，戛然而止呢？

（二）设疑

为了保持学生在名著导读课后继续阅读的兴趣，教师可以适当设疑。设疑其实就是抛出一个话题，让学生在名著中寻找细节来支持自己的观点。例如，《〈威尼斯商人〉导读》，9号选手最后5处设疑：夏洛克为什么那么憎恨安东尼奥？安东尼奥为什么不催促巴萨尼奥还钱？巴萨尼奥最终选择了什么材质的匣子？杰西卡会以她那富有的父亲夏洛克为荣吗？作者最后怎么设置的结尾？每一个问题都是一个悬念，都能够激发学生探究的兴趣。

这次名著导读课，也有需要避免的注意事项：①避免平铺直叙。阅读时很多人可能会逐章阅读，但是导读时还是要找“切入点”。②避免操之过急。例如1号选手要求学生在5分钟内速读第二、三、四、五章，何其难也！这种现象不是个例。类似的赛课，教师为了走环节、赶进度，心急火燎的现象比比皆是。③避免文外兜圈。名著导读课要让学生读书，要让学生沉浸其中，如果文外兜圈，则只是浮光掠影。

参考文献

［1］王鼎钧. 文学种子［M］. 北京：生活·读书·新知三联书店，2014.

［2］于漪. 于漪文集［M］. 3卷. 济南：山东教育出版社，2001.

（本文是笔者参加广东省2016年初中语文名著导读教学优秀课例观摩活动研修心得）

写后指导课，教什么？怎么教？

——以“唤醒还原，选点描写”研课为例

我提前接到通知，到广东省河源市参加支教活动，上一节写后指导课。具体要求如下：第一，龙川培英学校的学生先写作文。生活中，有些人、有些事、有些情感，或无可挽回地逝去，或短暂地离我们而去，却给我们留下了刻骨的体验和深深的思考。请以“________去哪了”为题。在横线上填写合适的词语，将题目补充完整，然后作文。第二，我批阅作文，诊断问题，然后基于主要问题设计有效的写后指导课。

当时正好在看《写作教学教什么》一书，在批阅作文时，参照王荣生教授的作文批阅表格，我制作了本次作文批阅表，见表1：

表1　作文批阅表

姓名	题目	项目	命名	样例及理由
		亮点		
		不足		

逐篇批阅后，再按项目进行汇总，亮点是：卷面整洁、结构完整、语言朴实。不足之处是：①作文写不长。全班44份作文，28份作文字数不足500字。②选材范围窄。学生使用的素材陈旧、模式化。在初步分析学情的基础上，我判断：两个问题相比，解决第一个问题容易一些，效果会好一些。

为什么作文写不长？我对全班作文特别是不足500字的28份作文进行二次

诊断，发现问题在于：①空发议论、空洞抒情，没有写"事"，或缺乏写事的意识，或缺少素材的积累。②写了"事"，但事情没展开，缺细节，不具体。③审题不清，题目暗含"过去有，但现在没有"的意味，但作文略写过去，再转折过渡的同学寥寥无几。

在问题诊断的基础上，我拿出写后指导课教学设计第一稿。如下：

怎样把记叙文写长

教学目标：培养学生叙"事"的意识，避免空泛"抒情"以及"议论"；指导学生通过"细节描写"使叙事"具体"；指导学生通过"审题"明确"过渡点"，补写"过渡段"。

教学过程：

一、导入

批阅作文，发现本次作文存在一个普遍问题，就是"作文写不长"。44份作文，有28份作文字数不足500字，所以这节课我们一起来探讨"怎样把作文写长"。

二、自读例文，诊断病因

要解决作文写不长的问题，首先要找到作文写不长的原因。

1. 默读例文

例文一

信任去哪儿了

在生活中，信任是快乐的歌声、是美丽的图画、是温暖的春风。但就是因为有人的不屑，歌声被打破，图画被撕碎，春风也变成了凉飕飕的寒风。

信任去哪了呢？

在老师心中，我是一名差生，我是一个惹事的学生，我是一点进步也没有的学生。某次，我在班上的成绩突然从后面上升到了二十几名，而老师却不相信这是我做的，我努力地向你辩解，而你却不相信我。说我这是"偶然"。"水分"这两个字对我的打击是多么大。仿佛我之前的每一个不眠之夜，都化成了泡影。你可知道，那天，你们不信任我，我有多么伤心和痛苦？难道你们就这么不相信我吗？我辛辛苦苦得来的成绩换不来你们的“加油”“继续努力”，却只有对我的不信任。我想说，我们差生不是真的差，只要我们努力，也可以一步步地赶上前面的人。

信任，对我们来说，真的很重要，只要老师给我们一点鼓励、微笑，或许就可以让我们前进得更快。

例文二

信任去哪儿了

信任去哪儿了呢？我没有得到，因为在老师的心中，我是一个整天惹事的大草包，一点上进心都没有的差生。

老师，您知道吗？为什么每次上课坐在后排的同学都不愿听课，会睡觉，会讲话吗？因为他们知道，您的课是不可能叫到他们回答问题的，所以即使他们知道正确的答案，也不愿意举手。如果说用“爬山”来形容一个班的话，您就站在山顶，用鼓励的目光看着那些快爬上山顶的尖子生，而全然不顾那些还留在山脚的差生。其实他们原本并不笨，他们也爬过山，也尝试过要爬上山顶。但当他们爬上山腰后，却猛然发现，那里并没有您鼓励的目光。他们失望了，他们没有了爬上山顶的勇气。老师，您知道吗？或许他们只是需要您的一声“加油”，只需要您给的一根拐杖，然而他们什么也没有得到……

老师，我想对您说，其实那些差生并没有那么差，他们只是比别人“爬”得慢一些，或许他们需要的仅仅只是您的一个浅浅的微笑，一个暖暖的目光，一个小小的信任。

2. 讨论交流，诊断病因

明确：例文一简单叙事，不够具体；例文二泛泛而谈，没有写事。

三、细节描写，扩写“叙事段”

1. 再读例文一，找到要修改的段落。

2. 修改例文一第四段，用细节描写补充该段内容。

四、审清题意，补写“过渡段”

1. 审题，明确题意中“转折”的意味。

2. 补写，选择合适的位置写“过渡段”。

五、方法总结，作业布置

1. 总结方法，交流分享。

2. 运用方法，修改例文二。

我在自己班试讲，请区教研员刘小华老师指导。一堂课下来，我汗流浃背。走下讲台，感觉很“累”：为了完成教学设计，一路不停地赶进度。课后马上收集学案，发现学生要么无从下笔，要么寥寥数笔。很明显，这是一堂失败的课。

研课时，刘老师指出三个问题：①习作诊断不到位。写不长是表象，写不具体是原因，但为什么写不具体，要做进一步诊断。②教学目标不集中。写作指导课要“一课一得”，这节课又抓“描写”，又抓“审题”，两手都抓，两手都不硬。③方法指导不充分。让学生进行细节描写，但对于“在哪儿进行细节描写，怎么进行细节描写”缺少必要指导。

研课后，我再读学生作文，并根据习作问题，有针对性地研读写作教学类著作。《王栋生作文教学笔记》中《“怎样把文章写长”》一文给了我启发和灵感。文章指出：“解决‘写不长’的问题并不难。首先要帮学生找到作文中‘没展开’或‘没说清’的地方……”

抓住这句话来设计教学，我生成了写后指导课第二稿。如下：

怎样把记叙文写长

教学目标：指导学生描写“细节”，把记叙文写长。

教学过程：

一、导入

二、自读例文，诊断病因

三、选点描写，升格例文

1. 选点

著名特级教师王栋生老师说，解决“写不长”的问题并不难。首先要找到作文中“没说清”或“没展开”的地方。例文一第四段有哪些地方“没说清”或“没展开”呢?

2. 描写

使用“语言、动作、心理、神态”等细节描写的方法，修改例文一第四段，把“没展开”和“没说清”的地方写清楚。

四、方法总结，作业布置

1. 总结方法，交流分享。

2. 运用方法，修改例文二。

这次修改，教学目标集中了，在细节描写之前，先选点，搭建写作支架，解决“在哪儿进行细节描写”的问题。试讲后，整体感觉尚可，但有两处学生的思维凝滞：选点时，学生找得吃力，费时甚久；描写时，学生难于“入境”，描写不到位。

研课时，刘老师提出两个建议：①“自读例文，诊断病因”，用例文一即可，例文二不典型，不利于学生诊断病因。②细节描写前，选点很必要。选点时，要追问“该补充什么内容”。学生修改时，把它呈现出来作为指引。

我对教学环节三进行细化，完成第三稿，提交给省教研员冯善亮老师。冯老师建议说：“是不是先问问作者，这件事是不是真的？如果是真的，可不可以让他把这件事情讲一讲，在讲的过程中，听一听他哪些地方没有讲清楚？”听了他的建议，我感到很为难：“时间本来就很紧，再让学生说，哪里还有时间写呢？”带着这样的疑虑，我决定再读读他关于作文教学的文章。他的《什么最重要？——对作文课中某些教学行为的反思》让我豁然开朗。文中说：“学生作文写的都是身边真实的事和人，老师在引导学生修改时为什么不先引导学生求证事实，不先引导学生回到生活中去观察分析？……要知道，在人的写作素养构成中，相对于写作技巧来说，对生活的感受力是更为重要、更为核心的能力。”充分消化冯老师的建议后，我拿出写后指导课第四稿。如下：

唤醒还原，选点描写

教学目标：唤醒学生体验，指导学生通过“细节描写”来还原“场景”，使叙事“具体”。

教学过程：

一、导入

二、自读例文，诊断病因

三、选点描写，升格例文

（一）唤醒

1. 齐读第四段，概括作者写了一件什么事？

2. 请本文作者讲述这件事情。

3. 你有没有经历过类似的事情，当时情形怎样？说说看。（例文作者可能不愿意讲，这作为预设的问题）

（二）还原

1. 你觉得自己把这件事情讲清楚了没有？同学们都清楚了吗？

2. 老师分享一个故事，同学们听听老师把故事讲清楚了没有？

（三）选点

特级教师王栋生老师认为，“解决”写不长的问题并不难。首先要找到作文中“没说清”或“没展开”的地方。对照现实生活场景，你认为第四段哪些地方“没说清”或“没展开”？再补充什么内容才能说清？

（四）描写

请同学们使用“语言、动作、心理、神态”等细节描写方法，修改第四段，使其存在的六处“没展开”或“没说清”的地方变得更具体。（按顺序编号①—⑥）

1. 集体修改第①②处，发现问题，及时纠正。

2. 分组练习，第一、二组修改第③④处，第三、四组修改第⑤⑥处，然后汇报发言。

3. 认真倾听，做好笔记，整合成文。

四、方法总结，作业布置

1. 总结方法。

2. 运用今天学习的方法，修改自己的作文。

当天有200余人听课。这节课我越上越轻松，学生表现超出预期。

课后的研讨很热烈。有的老师说“选点基于学情，注重写作过程中的指导，看到了实实在在的收获”，有的说“唤醒、还原、选点、描写，环环相扣、点拨结合”，还有的说“老师在课堂上，姿态很低，和学生一起进入了课堂”。这节课，我真没想到让学生讲一讲自己真实的故事，不仅没有耽误课堂时间，反而让后面写的环节水到渠成。

这次支教活动让我得到了极大的锻炼和提高。因为在此之前，我也上写后作文讲评课，包括“佳句集锦”“佳作赏析”“存在问题”和“修改建议”四个板块。这些课往往问题分析、修改建议面面俱到，审题、立意、选材、结构、卷面、书写一个都不落下，但又个个浮在表面。这次支教活动之后，我不断尝试摸索，对“基于习作问题解决的记叙文写后指导课”有了一些新思考。

一、写后指导课教什么

教什么，即教学内容的选择。正如王荣生教授说：“研究学生的写作困难，确定针对性的教学内容。这是写作课程的基本要义。”写作课程如此，写后指导课亦如此。上写后指导课需要先分析学生的写作样本，研究学生的写作行为和写作状态。这就需要在诊断问题时不断追问原因。以本课为例，通过全批全改，填写批阅表格，可以发现学生的不足之处在于：作文写不长、选材范围窄。这些是表象，深层原因是什么？需要追问。作文写不长？多数是因为泛泛而谈，不写“事”或写“事”不具体；少数是因为审题不清，缺少铺垫和过渡。为什么写“事”不具体？或不知道哪些地方要具体写，或不知道怎样把事情写具体？为什么不知道哪些地方要具体写？是因为写作时缺少“读者意识”，不知道要使用细节描写来再现“场景”。为什么会不知道怎样把事情写具体？是因为不会使用细节描写来再现“场景”。

这样层层追问、剖析，既明晰了学情，明确了起点，也实现了精准选点——用细节描写来再现“场景”。然后围绕这个“选点”，选择合适的病文、合适的教学内容，实现“一课一点，一课一得”。一言以蔽之，就是“深入诊断问题，明起点，准选点，确定教学内容”。

当然，选点要依据学情而定，也要量力而行。这次作文，“选材范围狭窄"也是一个大问题，但为什么没有选这个点呢？是因为当我对"选材范围狭窄"进行层层追问时，发现这一问题的焦点在于"本区域学生的阅历有限，也缺乏对生活进行唤醒、激活、体验、转化的能力"。考虑这个班的学情，我认为用一节写后指导课来解决"选材狭窄"的问题，不是明智之举。

二、写后指导课怎么教？

怎么教，即教学环节的设计。写后指导课要立足于解决问题。正如荣维东老师所说，写作教学要填补"学生现有的写作经验"与"这次写作任务所需经验"两者之间的落差。要填补这一落差，需要为学生搭建写作支架。第二次试讲，学生在"选点"和"细描"时出现思维凝滞，就是因为缺少写作支架，大部分学生无法拾级而上。为什么现场授课时学生的表现超出预期呢？原因很明显：在"唤醒还原"环节，学生回忆讲述自己的故事。在讲述过程中，我不断追问讲清楚了没有，听清楚了没有。在这个讲的过程中，讲述者和听众都会逐渐明白，哪些地方没讲清楚，怎么讲才能讲得清楚。这次口头作文为学生搭建了写作支架，因此后面的"选点描写"环节才会精彩纷呈。

在写作教学实践中，我也探索了写后指导课教学设计的一般流程：习作诊断，确定选点目标；精选病文，呈现主要问题；搭建支架，开发写作知识；运用知识，修改升格病文；作业布置，反馈指导效果。除"唤醒还原，口头作文"之外，"名篇引路，以读促写"也是常用的写作支架。如果学生在使用支架，逐步攀登的过程中，能从自己的写作体验中开发出有用的写作知识就更好了。写后指导课怎么教？一言以蔽之，即"立足解决问题，定目标，搭支架，优化过程指导"。

参考文献

[1] 王荣生. 写作教学教什么 [M]. 上海：华东师范大学出版社，2014.
[2] 王栋生. 王栋生作文教学笔记 [M]. 南京：江苏教育出版社，2012.
[3] 俞发亮. 作文课，我们有办法——4位初中语文名师的作文教学智慧 [M]. 上海：华东师范大学出版社，2015.

（本文获评广东省2017年初中语文复习课教学案例一等奖）

写后指导课应把握三个原则

写作课是语文教学的老大难问题。一线教师中不上作文课或不怎么上作文课的教师比例不小。一些教师就算上作文课，通常也仅采用两种方式：一是写前指导，即教师先对“写什么”“怎么写”进行简单交代，学生再懵懵懂懂开始写作文；二是写后讲评，即教师挑选几篇优秀作文请作者自己读一读，再请其他学生点评好在哪里，最后再泛泛地就本次作文存在的问题进行指导。

写后，学生习作样本会真实地呈现在教师面前，这是进行写后指导的有利条件。因为流程雷同化、目标空泛化、内容简单化、活动空心化，写后指导十分低效，学生作文提高不大。针对这些问题，笔者认为很有必要明确写后指导课的原则。

一、基于学情

正如王荣生教授所说：“研究学生的写作困难，确定针对性的教学内容。这是写作课程的基本要义。”写作课程如此，写后指导课亦如此，必须先研究学情，再基于学情，确定选点，确定指导内容。

（一）基于学情，就是要对学生习作进行问题诊断

一次的习作分析，可以发现学生在某次具体写作中存在的问题；多次的习作分析，可以诊断学生写作中深层次的困难和障碍；长期的习作分析，可以准确地把握学生个体和班级整体写作中的稳定特点，为教师评价自己作文教学的效果提供客观依据。

与分析学生习作相结合，还可以就习作对学生进行访谈，在访谈中了解学

生反映出的现象背后的深层原因，进而洞察学生的写作心理。例如，作文《那一次，我真感动》，学生常选取"暴雨天妈妈送我去医院"这样的素材，若只告诉学生这样的素材容易落入俗套，难以从根本上解决问题。访谈学生之后，笔者发现原来学生这样写，有其内在的思维逻辑："妈妈送我去医院，遭遇困难越多，母爱就越浓，感动才越强烈。"依据学生的写作心理，再一起分析这样写所造成的虚假、失真，以及怎样写会更好。这样基于学情进行写后指导，效果自然不同。

（二）基于学情，就是要明确学生习作的基本起点

教师可在全批全改的基础上，对学生习作出现的问题，做相应的记录和统计。一般来说，一篇习作中往往会出现多个问题，一个班的习作，出现的问题更是五花八门，审题、立意、选材、结构、详略、描写等方面都可能存在不当之处。记录和统计这些问题有利于发现学生习作中普遍存在的问题。参照记录和统计的结果，出现次数最多的问题就是学生亟待提高的地方。针对这一问题再次诊断，就能够明确学生写作的普遍水平，以及学生的已知已能，这就是写后指导的基本起点。

（三）基于学情，就是要找准写后指导的能力选点

于漪老师曾说："抓学生习作中的'点'，带学生写作的'面'，抓学生习作中'点'的问题，促进学生'面'上的提高。"要想"以点带面"，教师必须放低身段，选点时必须重心下移，立足解决大多数学生存在的问题，立足解决一些显而易见但一直没下功夫去解决的突出毛病。写后指导就是要找准这样具有普遍意义的能力选点。若不考虑、不关注中下层学生的学情，那样的教学选点和课堂取向，会使得相当大一部分学生在课堂上成为欣赏他人精彩的"看客"，难以获得提升自我的成功体验。

总之，基于学情，就是通过习作诊断和学生访谈，找准学生普遍存在的问题。先明晰问题，再寻求解决方案，最后组织相应的教学活动。这样，教师写后指导的内容才是学生最迫切需要的指导内容。

二、一课一得

有效的写后指导应该教得分明，学得清楚，讲到点子上，练到实在处，每节围绕一个训练重点，不能面面俱到。

（一）一课一得，就是要明晰写后指导课的教学目标

写后指导课要“瘦身”。目标太多，审题、立意、选材、谋篇、布局，什么都顾，什么都讲，只会什么都讲不透。目标简洁，一节写后指导课选取一个切入点，着力解决一个问题，使学生整体上、基本上都达到学习目标，就是很好的“一课一得”。

例如，作文《餐桌前的谈话》，“中心不突出”的问题最普遍。原因在于：①审题不清。谈话缘由或就餐前的情况交代过多，造成“喧宾夺主”。②详写不够。谈话场景和内容要详写，但不知道要怎样详写。③话题多变。话题转换频密，难以突出中心。依据学情和单元写作训练重点，笔者执教了一节写后指导课，着力解决“详写不够”的问题，选点为“紧扣文眼，突出中心”。教学目标是指导学生学会在详写的部分紧扣“文眼”，进行语言表达，从而突出“中心”。因为教学目标简洁明晰，这节写后指导课效果明显。

（二）一课一得，就是要聚焦写后指导课的重点难点

一节写后指导课如果面面俱到会导致处处蜻蜓点水，重难点无法聚焦，无法得到突破。例如，作文《________去哪儿了》，学生存在的问题主要有：空发议论、空洞抒情，或不写“事”，或写了“事”，但没展开，缺细节，不具体；审题不清，题目暗含“过去有，但现在没有”的意味，但作文略写过去，再转折过渡的同学寥寥无几。若一节写后指导课想解决这两个问题，又抓“描写”，又抓“审题”，教学时间自然不够。没有充足的教学时间做保证，教学活动就无法从容、充分、深入地开展，教学重难点就无法聚焦突破。

（三）一课一得，不是舍习作的其他问题于不顾

一课一得要依据学情而定，也要量力而行。“量力”就是量学生的当前写作能力；“量力而行”就是以学生当前写作能力为起点，促进学生“最近发展区域”的提高。所以有些问题，不是不解决，而是当前不解决，等时机成熟再予以解决。例如，学生作文普遍存在“选材狭窄”的问题，若层层追问，会发现实质上是因为学生阅历有限，也缺乏对生活进行唤醒、激活、体验、加工、转换、再造的能力。在起始年级讲选材，不如让学生抓住自己情感的涟漪，抓取自己独特的体验去写日记。在这样的基础上，再讲去粗取精、去旧取新、去伪存真，“选材”问题才能更好地得到解决。

三、以写促写

章熊先生曾说过：“只有在写的活动中掌握的写作技能，才能形成写作的能力。”郑桂华老师也认为：“写作学习活动具有实践性，是学习者自觉能动地在一定的语言运用规范的制约和指导下展开的现实的、感性的、具体的写作实践活动。当我们进入作文教学研究中去的时候，必须有一个基本的判断标准——看教师是否为学生提供了写作实践活动。”如果一堂写作课，教师用了很多“写”以外的活动，那么想通过这样的活动来较快获得写作能力恐怕是不现实的。

（一）写后指导课就是要纸上练兵

写后指导课一定要有例文升格的学习活动。写的过程就是对程序性写作知识的反复操练的过程。在反复操练的过程中，让学生充分地感受到自己是一次比一次写得好，从而让学生不断体验自己写作水平提高的成就感，这有利于学生写作兴趣的激发。

（二）口头作文也是一种写的方式

有研究发现，写作才能较差的人，经常说的内容多，写的内容少，很多说的时候有的想法，到写的时候就没有了。写作水平好的同学则不然，他说的内容和他写的内容基本上差不多。针对写作才能较差的学生，口头作文也是一种写的方式。正如冯善亮老师所说：“学生作文写的都是身边真实的事和人，老师在引导学生修改时为什么不先引导学生求证事实，不先引导学生回到生活中去观察分析？”对这一类同学，可以先口头升格，在说的规程中，帮他不断地还原场景、细节，讲清楚了，再让其付诸笔端，也是一种升格。

总之，明确写后指导课的三个原则，就是为了解决学情诊断不到位，教学内容不正确，教学环节“平面滑行”的状态。在深入研究学生的写作困难，基于学情进行精准选点，搭建写作支架，帮助学生拾级而上的基础上，增强写后指导课的有效性。

参考文献

［1］王荣生. 写作教学教什么［M］. 上海：华东师范大学出版社，2014.
［2］于漪. 于漪老师教作文［M］. 上海：华东师范大学出版社，2009.
［3］俞发亮. 作文课，我们有办法——4位初中语文名师的作文教学智慧［M］. 上海：华东师范大学出版社，2015.

（本文获2017年深圳市教育学会主题论文征集一等奖）

如何基于问题解决设计记叙文写后指导课

——关于记叙文写后指导课教学设计的流程

广东省初中语文教研员冯善亮老师多年来关注初中写作教学的现状，提出基于问题解决的写作教学新思路，即“全面分析学生的写作状况，了解自己任教班级学生写作的已有基础和突出问题，针对所发现的问题来制订初中三年的写作教学规划；每一次写作教学，都应该先写后教，具体分析学生在拟训练项目上存在的具体问题，再确定训练重点，开发相应的写作策略知识和写作微课程，有针对性地解决一两个问题”。在冯老师的点拨下，我和工作室成员专攻基于问题解决的初中生写后指导实践研究，在探索中积累了写后指导课教学设计的些许经验，总结成文，求教于方家。

一、厘清写后指导课教学设计中“教”的流程

（一）习作诊断，提炼问题类型

写后指导，就是在学生写完作文之后，教师通过批改、分析、诊断，找到学生习作存在的普遍问题，有针对性地进行教学选点，组织相应的教学活动，指导学生突破该写作难点，解决习作问题。写后指导课教学设计的第一步，即习作诊断，提炼问题类型。每一篇作文，都从“优点”和“不足”两方面进行分析并列举示例。全部作文批改完毕，分析所有“不足”之处：首先提炼问题类型；其次把这些“不足”之处按类型进行归类；再次按照人数由多到少的顺序对问题类型进行排序；最后经过归类分析，学生本次习作所存在的问题就真

实具体地呈现出来了。

（二）依据学情，确定教学目标

习作所呈现的问题类型是多样的。按照“一课一得”原则，一节写后指导课聚焦解决一类问题。哪类问题优先解决，哪类问题暂时搁置，要依据学情来确定。一般来说，写作学情既包括立意选材、谋篇布局、遣词造句等知识与技能方面的情况，也包括生活经验、人生阅历、情感体验等思想与情意方面的情况。充分考虑多数学生现有的写作经验和生活经验，才能准确地把握学情，确定恰当的教学目标。

学生写《________去哪儿了》这篇作文，普遍问题是选材狭窄，叙事空泛。笔者曾先后两次就这篇作文执教写后指导课。第一次是在粤北山区，学生的生活环境相对闭塞，生活阅历比较单薄，仅凭一节写后指导课难以打开他们的视野。因此，我以“把一件事写具体”作为教学选点，着重解决叙事空泛的问题。第二次是在佛山南海，课前访谈发现该班学生来自全国各地，都有旅行的经历。因此，我把“唤醒体验，精选素材”作为教学选点，着重突破选材狭窄的问题。

确定教学目标，还要关注部编教材写作专题的要求。“餐桌前的谈话”是七年级（上）第五单元的作文题目，该单元的写作专题是“如何突出中心”。学生写这篇作文，出现了“对话不鲜活”“中心不突出”等问题。结合学情和教材要求，我以“紧扣文眼，突出中心”为教学选点，优先解决“中心不突出”的问题。

（三）精选病文，铺设教学线索

写后指导课强调“以生为本，以学定教”。问题让学生自主发现，方法由学生自己提炼，病文请学生集体修改。病文是写后指导课的线索或载体，问题的发现和解决都围绕着病文展开。因此，写后指导课要有效，病文一定要精选。所选病文要典型，本次写后指导课所要解决的习作问题在病文中有明显的“症候”；所选病文要真实，因为相对于写作技巧来说，学生对生活的感受更为重要。这样的病文虽然单薄粗糙，但只要内容真实、流露真情，在唤醒情感体验、还原生活场景的过程中，就能激发学生情感的共鸣，营造共生的场域；

就能在修改升格中作文内容渐渐变得丰厚、情感渐渐变得饱满、逻辑渐渐变得严密，就能让学生现场感受到写作的快乐。

例文的呈现，可以是全篇，可以是片段，可以是内容概要，还可以是作文题目。例如，半命题作文，补题雷同是普遍问题。把作文题目全部呈现出来，学生齐声朗读，就能直观地发现问题。再如，《温暖的时刻》这篇作文，45名同学，有28名同学在作文中流了“眼泪”。笔者摘录所有流泪的片段，让学生自读感知“虚假的眼泪，苍白的情感”。再从中挑选一篇写春节回家乡看望爷爷奶奶的作文，借以唤醒多数学生共有的生活体验和情感体验，让亲情的温暖氤氲在每个人的心田。

（四）搭建支架，开发策略知识

正如荣维东教授所说，写作教学要填补“学生现有的写作经验”与“这次写作任务所需经验”两者之间的落差。填补这一落差，就要为学生搭建写作支架。“支架”原指建筑行业中的“脚手架”。移用到教学中，用来描述教师、学生等对某人的学习过程所施予的有效支持。写后指导课设计常用的支架有范例支架、问题支架和图表支架等。

范例支架是写后指导课最常用，但难以掌握的一种支架。范例即符合学习目标要求的学习成果，往往包含了特定主题的学习中最重要的探究步骤或最典型的成果形式。例如，《羚羊木雕》中对话描写形式多样，对话时人物的动作、神态、语音、语调和语气既真实又生动，话语符合且丰富了人物的性格。用它来搭建范例支架，能为《餐桌前的谈话》“对话不鲜活”的问题提供有效的解决方案。

使用范例支架，目的是开发程序性写作知识。程序性写作知识也叫写作策略知识，它是关于“怎么写”的操作知识。打个比方说，范例是复杂的完整动作，搭建范例支架就是要把完整动作合理地划分成若干个分解动作，划分的步骤和分解动作的要领就是程序性写作知识。例如，写《我的烦恼》，学生不知道怎样表现“左右为难的烦恼”，笔者选取《走一步，再走一步》中小亨特的心理描写片段，引导学生不断划分层次，并概括每个层次的内容。师生一起开发出“写人物矛盾心理”的程序性知识，即“浮现一个想法，否定这个想法；

再浮现另一个想法，再否定这个想法”。在写后指导课上使用范例，如果不开发写作策略知识，就成了总结写作知识及其作用的环节，一不小心就变成阅读赏析课。

在写后指导过程中，自然地、应机地搭建问题支架，能帮助学生唤醒生活体验，逐步还原细节，再现真实生动的生活场景。例如，在《温暖的时刻》一文中，学生写道：“欢聚总是短暂，临别时，爷爷奶奶把我们车的后备箱塞得满满当当。”这本是非常感人的细节，但学生一笔带过了。于是，我通过追问搭建问题支架：“后备箱里塞满什么东西呢？它们是什么样的呢？爷爷奶奶是怎么准备这些东西的？你们上车准备离开时，爷爷奶奶的神态表情是怎样的？”这位学生述说之后，我顺势追问其他同学：“春节都回过老家吧？爷爷奶奶、外公外婆都是怎么待你的呢？”在同频共振中，不断丰富感人的细节。

为了更好地开发出程序性写作知识，教师要善于把复杂的写作任务加以分解，综合搭建多种支架，帮助学生把写作技能逐步训练娴熟。例如，《那一次，我真________》作文，七年级学生多以“感动”补题，“半夜发高烧，爸爸不在家，妈妈送我去医院”的选材层出不穷。人难免会生病，这是真实的生命体验，可学生写出来却容易落入俗套，流于虚假。为此，笔者设计了《一病写“真”情》写后指导课。学生自读例文发现问题后，我精选《草房子·药寮》《简爱·病中》等章节，搭建范例支架，唤醒学生体验。接着我提供图表支架，引导学生从“病情”“心情”“感情”三个维度，梳理范例内容，形成《写作策略表》。再以这份翔实的《写作策略表》为向导支架，为学生提供写作指南。

“搭建支架，开发写作知识”是写后指导课设计最费心力、最见功底的环节。好的范例在技术和主题上都会对学生的学习起到引导作用。但好的范例需要教师精选文质兼美、贴合学情，又能对学生突破习作问题有具体写作方法指引的文段。要确保程序性写作知识的科学性、实用性和可操作性，教师自身要有扎实的写作功底、丰富的写作实践，以免用粗劣的技巧把学生带入写作的“歧途”。

（五）点拨指导，解决习作问题

章熊先生曾说过："只有在写的活动中掌握的写作技能，才能形成写作的能力。"发现了问题，开发出了程序性写作知识，接下来就要运用知识，升格例文，解决习作问题。

如果不是学生自己的作文，怎样才能调动学生修改升格的积极性呢？正如前文所说，要挑选虽然写得蹩脚但字里行间的缝隙里却流露出初中生真实感受的例文。写后指导时，只要教师真诚地倾听、耐心地追问，这咕噜冒泡的真情马上就能汩汩流淌了。而学生真实的讲述一定能唤醒身边同龄人类似的感受。这样，修改升格就成了"有我"的述说。

升格例文时，要给学生预留较为充足的写的时间，让学生沉静地写。教师可以和学生一起修改，也可以俯身查看学生的修改情况。最忌时不时地"温馨提醒"，对学生的修改形成干扰。如果例文需要修改的地方很多，教师要合理分组，每个小组重点修改一两个地方。小组修改完成后，教师提取小组修改的成果整理成文，让学生比较升格前后的例文，对照《中考作文评分标准》评价升格后例文，让学生当堂就能感受到修改后的变化和效果。

一节课，时间有限，要发现习作问题，开发策略知识，当堂升格、交流分享。时间安排不当，就会虎头蛇尾，草草收场。要想确保写后指导课的完整性和实效性，教学选点一定要精准，设计思路一定要清晰，重在突破难点，追求"一课一得"。如果条件允许，可以借助信息平台，变单线个体交流为网状群体互动，以提升分享交流的宽广度。

（六）布置作业，巩固指导效果

写后指导课选取的是写作中普遍且重要的问题，当堂修改的只是一篇典型的例文。课后要分层布置作业，出现此类问题的学生要运用所学知识，修改各自的作文；其他同学挑选写作实践中的其他作文题目，紧扣单元写作主题，写片段作文，训练巩固。

二、再现写后指导课教学设计中“学”的过程

（一）对照评分标准，分析病文得失

教师提前与病文的作者沟通，征得学生同意，消除其心理顾虑之后，把作文呈现出来，学生对照《中考作文评分标准》，分析其优缺点。分析例文时，要求其他学生先谈优点再谈不足，呵护青春期孩子的自尊心，保护学生写作的兴趣。不足之处渐渐聚焦之后，凝练出写后指导课的教学选点。

（二）唤醒生活体验，还原再现场景

各版课标在“第四阶段（7—9年级）写作”中，都开宗明义地指出：“写作要有真情实感，力求表达自己对自然、社会、人生的感受、体验和思考。”对记叙文来说，就要鼓励学生写“有我之文”，“讲自己真实的故事”。

学生写了身边真实的人和事，写了自己真实的体验和感受，有时因为写作能力不够，作文或叙事空泛没有细节、或记“流水账”详略不当、或入题太慢头重脚轻……选取这类病文作为例文，教师不要急于从写作技巧的角度进行指导，而是征得学生同意之后，引导学生求证事实：讲述事情的来龙去脉，还原再现生活场景；在讲述中不断唤醒情感体验，重温心理的波澜变化。这样一来，原本单薄的素材逐渐变得丰富。师生一起根据素材变换角度进行立意，再依据立意运用写作策略知识剪裁素材、用严密的逻辑思路缝合素材、用感人的细节充实素材、用生动的语言装点素材。通过“唤醒—还原—再现—立意—剪裁”，让写作和学生的生活经验真正发生联系，教给学生激发、提取、转化生活的方法策略，从而改变多数学生“凭空立意，杜撰素材”的写作现状。

（三）研读经典范例，提炼策略知识

学生研读教师提供的经典选文（课文是最好的范例）。与阅读教学不同，这里的“研读”是“向写而读”，聚焦的不是语言赏析，而是写法揣摩，思考的是名家是怎样舒展写作内容的。学生边读边填写分析框架表，在图表支架的帮助下，提取范例所蕴含的写作策略知识，提炼该策略知识的步骤划分以及各步骤的内容侧重和常用写法。

（四）运用策略知识，修改升格病文

唤醒生活体验，还原再现场景，填补了学生的生活经验；研读经典范例，提炼策略知识，填补了学生的写作经验。学生“现有经验”与“这次写作任务所需经验”两者之间的落差得到了填补，就能沉静下来用心修改。

（五）完成课后作业，巩固策略知识

写后指导课立足学生作文的普遍问题，着力解决一些显而易见但一直没下功夫去解决的突出毛病，力求抓住习作中“点”的问题，促进学生“面”上的提高。学生完成分层作业，巩固当堂所学策略知识，力争都能达成学习目标。

三、规划写后指导课教学设计中“教学活动”全程

在《学教评一体化：语文课程实施的一个关键问题》访谈中，冯善亮老师提出，教学设计的核心是对教学活动的筹划。每个教学活动都要从“任务与意图”“过程与方法”两个层面进行系统设计。教师须把教学活动设计成为学生在教师指导、帮助下积极、有效地完成课堂学习任务的完整过程。教学过程最好分成“阶段活动”“教师活动”和“学生活动”三栏。目的是引导教师先从学生立场去想象课堂，再从教师角度去思考如何为学生的学习提供强有力的支持，从而实现“为学习设计教学”。

表1　写后指导课教学设计全程规划

阶段活动	教师活动	学生活动
课前 教学设计阶段	1. 习作诊断，提炼问题类型 2. 依据学情，确定教学选点/目标 3. 精选病文，铺设教学线索 4. 搭建支架，开发策略知识 （范例支架、问题支架、图表支架） 5. 设计作业，巩固指导效果	写作文 自评或互评
课中 教学实施阶段 （教学活动）	点拨指导 布置作业	1. 对照评分标准，分析病文得失 2. 唤醒生活体验，还原再现场景 3. 研读经典范例，提炼策略知识 4. 运用策略知识，修改升格病文 5. 对比两篇例文，总结课堂收获
课后 教学巩固阶段	检查作业情况 进行个别辅导	完成课后作业，巩固策略知识

据表1，可以看出写后指导课的教学设计是以“问题”为抓手的：分析作文是为了发现问题；确定教学选点是为了分析问题；精选写作范例，搭建写作支架是为了解决问题。在教学实施阶段教学活动也是以“问题”为抓手的：分析例文得失是为了让学生在分析问题的过程中发现主要问题；唤醒还原再现，提炼策略知识是为了寻找解决问题的方法；修改升格例文是为了着手解决问题。在教学实施阶段，教学活动以“学生活动”为主，教师只是适时点拨指导，提供帮助，让学生在课堂上真正有事可干，真正主动学习。之所以能实现课堂“以学生为主体”，是因为在教学设计阶段，教师做足了功课。

进行课题研究以来，课题组成员逐渐达成共识：与传统的写后讲评课相比，基于问题解决的写后指导课，问题诊断到位，教学选点聚焦，教学内容确定，以学定教，实效性强。在实践研究中，我们也发现：为了确保“教学评一致性”，确定教学目标之后，要根据目标达成的层级要求，设计评价量表，用评价促进学习。当下不同年级的学生都用《中考作文评分标准》对照评价，既不科学又不合理。这是目前课题研究的短板，也是未来课题研究进一步改进的方向。

（本文原载《新作文·中学作文教学研究》2021年第12期）

雄关漫道只等闲

——《忆秦娥·娄山关》教学设计

【教学目标】

（1）理解《忆秦娥·娄山关》的内容，了解毛泽东诗词的风格特点。

（2）感受《忆秦娥·娄山关》的情感，感悟“雄关漫道真如铁，而今迈步从头越”的精神内涵，感知诗人抒情主体的形象。

【教学重点】

感悟“雄关漫道真如铁，而今迈步从头越”的精神内涵。

【教学过程】

教学活动一：引读·填词

（1）【忆秦娥】是词牌名，相传是李白所创，默读李白的《忆秦娥·箫声咽》。观察揣摩：【忆秦娥】这一词牌，在结构、音韵上各有什么特点？

忆秦娥·箫声咽

李白

箫声咽，秦娥梦断秦楼月。秦楼月，年年柳色，灞陵伤别。

乐游原上清秋节，咸阳古道音尘绝。音尘绝，西风残照，汉家陵阙。

明确：①结构上，分为上、下两阕，46字。②音韵上，用仄韵。三字句是叠韵，为上一句末尾三字的重复。押“e”韵，如咽、月、别、节、绝、阙。

（2）用同一词牌来填词，若不是变格，词的字数、句数、韵数都必须是一致的。下面请同学们根据这一要求，用以下词句重组成一首“忆秦娥”。

烈　碎　咽

西风　长空　雁叫　苍山　残阳　如海　如血

霜晨月　马蹄声　喇叭声

雄关漫道真如铁，而今迈步从头越

（3）根据韵脚特点，两分钟熟读成诵。

____烈，____月。____月，马蹄声碎，____咽。

____铁，____越。____越，苍山如海，____血。

教学活动二：初读·理解

（1）出示写作背景，请湖南籍同学朗诵《忆秦娥·娄山关》。

（2）这首诗词分为上、下两阕，各写了什么内容？通过这些内容，你能感受到哪些情境？

明确：上阕写景记事，下阕议论抒情。正如现代文学家成仿吾先生在《长征回忆录》中所写：“这首词生动地描写了当年红军指战员从拂晓出发到傍晚结束战斗的动人情景。西风猛烈，长空雁叫，红军在月明的霜晨进军，马蹄声微响，喇叭声低沉，一片严肃的战斗前的景象。经过战斗后，雄关也被我们占领，大家迈开大步通过，在黄昏中向波涛起伏的群山奋勇前进。全词写出雄关也没有什么了不起，我们艰苦奋斗，就能前进，尽管前面有多少艰难险阻。”

教学活动三：品读·赏析

（1）感受一种情感。

① 这首词是夺取娄山关后的抒情之章，你感受到了作者的什么情感？你是从词中的哪些地方感受到的？

明确：西风即秋风，古代诗人常用此意象渲染凄凉气氛，寄寓身世之悲。如马致远《天净沙·秋思》中的“古道西风瘦马，夕阳西下，断肠人在天涯”。辛弃疾《昭君怨》中的“落叶西风时候，人共青山都瘦”。而在这首诗词中"西风烈"与后面的"马蹄声碎，喇叭声咽"形成一种对比和反差，渲染了一种悲壮的氛围，烘托了红军将士的英勇无畏。

② 作者在自注中说："万里长征，千回百折，顺利少于困难不知有多少倍，心情是沉郁的。"诗词中哪些地方让你有"沉郁"的感受？

明确："马蹄声碎，喇叭声咽"，"马蹄声""喇叭声"，声音的主体是红军战士。枪声、炮声、喊杀声，虽然未写，但"碎""咽"两字，足见冲锋的频密，战事的激烈。

③"苍山如海，残阳如血"这两句，据作者说，是在战争中多年观察景物积累的，一到娄山关这种战争胜利和自然景物的突然遇合，就造成了作者自以为颇为成功的这两句话。请谈谈你对这两句的感受？

明确：结句，为景语，又不是单纯的景语。俯瞰"苍山如海"，有一种豪情。"残阳如血"点明战事结束的时间，有一种悲壮。不仅展现了壮阔的山景，也表明了作者是站在高处眺望，一股雄壮的气概萦绕于句中。后一句写夕阳，"如血"是说夕阳像鲜血那样殷红。它点出了红军胜利越关的具体时间，还使人通过这一壮丽的图景联想到红军义无反顾、不怕牺牲的伟大精神。

（2）感悟一种精神。

① 怎样理解"雄关"？

明确："雄关"实指"娄山关"，也指长征路上敌人的围追堵截，还指革命路上的艰难险阻。

② 怎样理解"雄关漫道真如铁"？

明确：漫道，漫，莫，不要。漫道：莫道，莫说，不要说。含"枉然说""徒然说""说也枉然"之意。"铁"将艰难险阻形象化，突出其坚硬和冷酷。

"漫道"的用法在古诗词中有据可查，如王昌龄《送裴图南》中的"漫道闺中飞破镜，犹看陌上别行人"。又如毛泽东《清平乐·会昌》"东方欲晓，莫道君行早。踏遍青山人未老，风景这边独好"。

"雄关漫道真如铁"的语序其实是"漫道雄关真如铁"，意思是："不要说雄关像铁一样坚固。"颠倒语序，合了"平仄"，更有一种藐视艰难险阻的豪情。

③ 怎样理解“雄关漫道真如铁，而今迈步从头越”？

明确：“而今迈步从头越”是词中最豪放语。“从头越”是“从零开始”，是“重新开始”，更是“从娄山关这场胜利开始”。整句话在对比之中，表明了“从零开始”的气度，也表明了“从胜利走向胜利”的信心。

（3）感知诗人形象。

诗歌抒情言志，诗人并不超然于诗外。李白的“仰天大笑出门去，我辈岂是蓬蒿人”，是狂放不羁的形象；杜甫的“飘飘何所似，天地一沙鸥”，是潦倒孤寂的形象；苏轼的“竹杖芒鞋轻胜马，谁怕？一蓑烟雨任平生”，是豁达从容的形象。毛泽东的诗词，抒情主人公的形象很鲜明，从这首词中，你能感知到什么样的诗人形象？

（4）师生伴乐合诵《忆秦娥·娄山关》。

【教学反思】

古诗词教学怎样教出诗的韵味和美感，是一个让人困惑的问题。在查阅资料的过程中，我逐渐明晓：鉴赏古典诗歌必须进入诗的意境，古典诗歌的教学关键是要通过各种手段和途径带着学生进入诗的意境，即冯善亮老师所说的“入境，古诗鉴赏教学的落点”。

毛泽东同志的诗词意境阔大，气势恢宏，这首《忆秦娥·娄山关》写于长征时期，对学生而言存在时空阻隔，“入境”并不容易！根据授课的效果，综合评课的意见和学生的感受，我认为这堂课在“入境”方面有四个细节较为成功：①学生根据【忆秦娥】词牌结构和音韵的特点，把杂乱的意象重组填词，在填词的过程中加深感受和理解。②请湖南籍的同学用地道的方言进行朗读，这种别有韵味的朗读精准地表现出这首诗词的音韵和情感。③品读之后再播放电视剧《长征》中“朱毛登临娄山关”的片段，其中所渲染出的“豪情和悲壮”，和学生的阅读感受融为一体。④配着音乐，师生合诵。

当然，这节课也有明显的不足，这主要集中在“品读·赏析”环节中。鉴赏诗歌是一个透过意象来进入意境以还原诗人审美体验的过程。

要想带着学生领略诗意，获得审美感受。教师首先要自己能够潜入诗境中去体验一番，然后才能以自己的切身感受和体验来引导学生。但是因为我"入境"不深，师生的品读总感觉"隔"着一层。

这恰恰是和我"同课异构"的郭峰老师，最让人称道、最让我钦佩的地方。他有丰富的人生阅历，经历过风浪的洗礼，对诗词格律又很有研究，因为他自己过去的生活经验被唤醒了，而与作者产生强烈的共鸣。他采用"吟诵法"和"讲授法"，在讲授"马蹄声碎，喇叭声咽""苍山如海，残阳如血"等精妙之处时，他让学生先眯上眼睛，然后跟着自己的讲述展开联想与想象，而他总能用形象具体而又饱含感情的语言，把自己感受到的诗歌的意境描述出来。在"入境"中，让学生充分感受诗词中所呈现的正视现实的勇气、战胜困难的能力和面向未来的信心。

这次"同课异构"给我最大的感悟就是：对语文教师而言，人生的阅历也是一种备课的积累。

（本文是笔者在2019年光明区中学语文"同课异构"教学研讨活动中所执教公开课的教学设计）

“峰云”际会，别有风味

——光明区举办2019年首场“同课异构”教研活动

2019年1月3日下午，光明区中学语文“同课异构”教学研讨活动在公明中学举办。光明区郭峰老师和公明中学游云云老师同课异构《忆秦娥·娄山关》。

游云云老师首先登台。他带着学生在填词、品读、感悟的过程中，学习词的特点、了解词的风格、体悟词的精神、感受伟人的形象，整堂课导得巧、品得深、辅得妙、读得好，听课的师生走进了意境，读出了红军越过雄关的壮怀激烈、慷慨前行的决心。

郭峰老师从他对“语文”二字的理解讲起，梳理出好文章的三个层次，即知晓、共鸣、启迪，创造性地指导学生用古人的读书方法吟诵《忆秦娥·娄山关》，引导学生细细品味了“西”“叫”“碎”“咽”“铁”“海”“血”等重点词语，让听课的师生充分体会到了文本语言的精妙。他还从艺术风格和表现手法入手，通过浪漫主义和现实主义的对比，带领学生充分感受了词中所呈现的正视现实的勇气、战胜困难的能力和面向未来的信心，让学生深切体会到伟人高尚的人格魅力和坚韧的意志品质。整堂课有知识的厚度、有理解的深度、有人文的高度，可谓大开大合、张弛有度。

公明中学语文科组长喻国平、光明中学副校长郭其贵、光明区中学语文教研员刘小华先后对两堂课进行了精彩的点评。

喻国平老师评价游云云老师的课亮点突出，小而美；郭峰老师的课知识宽广、意境博大，像读一篇优美的散文，形散神聚，彰显大学识、大情怀、大境界，启发我们一线语文教师要做一个胸怀博大、热爱教育、全心全意为人民服务的人。

郭其贵副校长评价两堂课有异曲同工之妙，游云云老师的课层次清楚、气定神闲；郭峰老师的课收放自如、功底深厚。他说郭峰老师的课启发我们一线语文教师要在中国传统文化的传承和理解上下功夫。

刘小华老师从两位执教老师的名字入手，评价这两堂课是“峰云际会，别有风味”。他说游云云老师的课果真“云”涌，涌出了创意和品位。郭峰老师的课奇“峰”迭起，朗读法有如春风化雨、润物无声；品字法让人有见字如面之感；析文法让我们感受到同样的浪漫、别样的胸襟。他总评郭峰老师的课是循着语言进入本文，直达作者内心深处，整堂课旁征博引，信手拈来，解释成趣，实乃光明语文学科的荣光。

《忆秦娥·娄山关》前峰云会，同课异构见创意。云雾冉冉随风起，匠心运，云蒸霞蔚自天地。　　山回路转奇峰起，草蛇灰线巧对比。吟啸徐行识胸襟，同沉醉，光明杏坛唱大戏。

刘小华老师创作的一首评课词《渔家傲·峰云会》把光明区2019年首场“同课异构”教研活动推向了高潮。来自全区各学校的校领导和语文教师代表100余人参加活动并给予了高度的评价。老师们表示，今天的活动不仅学习了方法、开阔了眼界，更激发了不断提升专业能力和人格修养的动力，为光明区基础教研的赶超奔跑鸣响了号角。

（转自微信公众号“深圳光明教育”，2019年1月4日）

下篇

学校管理

把握好工作头三年

热烈欢迎各位老师加入光明教育大家庭！今天我讲座的题目是“把握好工作头三年”。

为什么要讲这个题目呢？这基于两个考虑：第一，工作的头三年对我们来说确实重要！这三年是我们教育教学打基础的三年；是我们教师专业发展定基调的三年；是我们为人处世获评价的三年。第二，我的教龄不长，今年是我入职的第7年。我自己也还处在摸索和探求阶段，所以就选择了这个题目，希望我今天的分享对各位新教师有些许帮助。

一、为什么要把握好工作头三年

大学刚毕业，这是人生最好的年华！工作头三年，我们有“三多”。

一是精力多。一般来说，本科毕业22岁，研究生毕业25岁，三五年之后，我们就到了谈婚论嫁、生儿育女的年龄了。等有了家庭、当了父母之后，真正属于自己的时间就少了。工作的头三年，我们年轻力盛、时间充裕、思维活跃，没有家庭的牵绊、没有琐事的烦扰，可以全力以赴地投入教育教学之中，可以全神贯注地提升自己的专业发展。

二是机会多。考虑到新教师经验欠缺，学科教研、外出学习等，学校一般会选派青年教师参加。这时候，大家一定要积极踊跃，尽力调课参加，千万别抱怨“怎么又是我！”“我课怎么调？”……“观千剑而后识器”，这是开阔视野的难得机会。新教师入职后，校级层面有“入门课”“达标课”；区级层面也有“新苗杯”“光明杯”；市级层面还有各种基本功比赛。每逢参赛，大家一定要高度重视，因为每一次磨课都是一次能力提升，如果我们在教学比武中的精彩呈现能给评委留下深刻的印象，或许就是“千里马”遇到了“伯乐”。入职后，如果才艺傍身，我们还可以在元旦迎新晚会一展歌喉、一秀舞姿，这也是展现才华的机会。

三是收获多。如果说教育教学工作是一方田地，教师是在其间耕耘的农夫。经验丰富的教师，他们劳作许久，待耕的土地渐少。而新教师走进属于自己的领地，放眼望去，到处都是沃土，只要熟悉稼穑之道，勤于耕耘培育，就一定能收获累累硕果。具体地说，工作头三年，能收获一轮循环教学。熟悉课标要求，建构知识体系，形成备考经验。工作头三年，能收获一个发展基础。形成课程观、教材观、教学观、学生观，熟悉课程、教材、教法、学情。工作头三年，能收获一个基本评价。领导评价我们是不是靠谱、同事评价我们好不好相处、学生评价我们能不能信任、家长评价我们有没有水平。

工作头三年，精力多、机会多，是不是一定意味着收获多呢？在此引用北京大学法学院朱苏力教授的一段话与大家共勉。这段话摘自他在北大法学院2003届本科生毕业典礼上的致辞《社会不会等待你成长》：“社会没有义务等待你成长和成熟，它把每个进入社会的人都当作平等的，不考虑你刚毕业，没有经验，如果你失去了一次机会，你就失去了……如果你有什么素质，有什么潜力，有什么后劲，你就得给我拿出来。你就得给我变成实打实的东西——也许是一份合同起草，也许是一次成功诉讼。”这段话表明，机会和业绩是相辅相成的，没有业绩，难有机会；没有机会，也难有业绩。

二、怎样才能把握好工作头三年

工作头三年这么重要，怎样才能把握好工作的头三年呢？

第一，工作态度要积极。

工作态度是对工作所持有的评价与行为倾向，包括工作的认真度、责任度、努力程度等。“对一份工作的主观评价，在很大程度上决定了工作态度和工作效率。”为了调适大家的心理预期，避免让大家产生入职前后巨大的心理落差，我简要地说一下中小学教师工作的特点。人们常说，教师是太阳底下最光辉的职业，但大家可千万别误解为教师是太阳底下最光鲜的职业。我们的工作职责是立德树人，任务是教书育人。因此，教师这份工作特别强调师德高尚，特别要求以德育德。我们的服务对象是未成年人，他们心智不成熟、自控能力弱、身心不协调，因此，我们的工作涉及他们在校生活的方方面面，要"迎来日出，送走晚霞"；我们的工作特别强调"抓反复"与"反复抓"，要耐得烦、抓得细、落得实。

工作态度方面讲四个关键词。①定心。定下心来，安心工作，在教育教学的田地里，俯下身子用心耕作。不迷惘、不攀比、不徘徊，从容坦然地面对琐碎的日常，一门心思地把自己的课教好，把自己的班带好。②尽责。承担责任、尽职尽责，"守好摊儿，干满点儿"，该你到的时间，一定要到，这叫"守时"；该你在的地方，一定出现，这叫"在岗"；该你做的事情，一定做好，这叫"落实"。③有恒。有始有终，持之以恒。学期初斗志昂扬，学期末敷衍了事，这是高开低走、虎头蛇尾；心情好的时候拼命干，心情不好的时候撂挑子不干，这是"三分钟热度"；始终如一、张弛有度，才是真正的"有恒"。④好学。不懂要问、不会要学。工作流程不清楚，问问学校相应的部门；工作方法不充足，问问身边有经验的教师；应急处置不到位，一定要及时报告。自己处理不好的事情，一定不能瞒着捂着，要及时求教，及时反映。

第二，工作方法要智慧。

我国的教育历史源远流长，形成了很多光耀千古的教育思想。有教无类，因材施教，亲师信道，循循善诱，学思结合，温故知新，不愤不启、不悱不发，博学于文、约之以礼等，都是我们汲取教育智慧的源头活水。教育是一门科学，也是一门艺术。是科学，就需要尊重和遵循教育规律，如人的身心发展规律、儿童认知发展规律，这需要我们能对各种教育规律深入地了解和运用。

智慧从哪里来？从读书观察中来。站在巨人的肩膀上，我们能看得更远；观察身边有经验教师的工作方式，我们能掌握更多方法技巧；多读书、多观察，不能帮我们解决所有的问题，但可以增加我们分析问题的角度，完善我们解决问题的方案。

智慧从哪里来？从亲身实践中来。实践出真知，做才知个中曲直，要想尽办法去解决教育教学工作中存在的棘手问题，问题解决得多了，阅历就丰富了，经验就老到了，智慧也就慢慢汇聚了。

智慧从哪里来？从不断反思中来。在教育教学工作中，要勤于记录，把成功或不成功的案例都记录下来。进行复盘，反思得失，把零星的想法条理化、结构化。实践、反思，再实践、再反思，螺旋上升。这样一来，我们考虑问题会更全面、拟订计划会更系统、落实工作会更细致。这就是智慧！

智慧从哪里来？从沟通交流中来。“独学而无友，则孤陋而寡闻”！交流能开阔视野、交流能激活思维、交流能减少失误。别人已经做出了成果的领域，我们不必再摸索前行，“拿来主义”，活学活用。

第三，工作关系要融洽。

“关系大于教育，关系先于教育。”好的教育依托并体现在好的关系中。对教师而言，我们所面对的关系有：与学生的关系、与同事的关系、与家长的关系、与上级的关系等。

在这四对关系中，师生关系是核心。良好的师生关系，表现为学生对老师的“亲敬”——愿意亲近，内心尊敬。建立这样的师生关系，教师需养仁心、积口德，张弛有度、宽严相济，扬善于公庭、规过于私室，温和而坚定……你对学生的尊重、理解、关爱与帮助，学生一定感觉得到，家长也一定能通过孩子的感觉而感受到。良好的师生关系，一定会产生良好的家校关系。与同事的关系、与上级的关系，首先是一种工作关系。工作关系很简单，把“工作”做好最首要。把自己的工作做好，不给别人添麻烦，还能跟同事一起合作，把团队要做的事情做好。这样，与同事的关系不会差，与上级的关系也不会差，口碑评价自然也不会差。

当然，与人相处，好品质有助于和谐融洽工作关系的形成。例如，谦虚。大家都是名牌大学毕业生，自带名校光环。走上工作岗位，还是要谦虚。因为教育教学工作，既需要学科知识，也需要教学知识，还需要管理能力，更需要实践经验。大家的学科知识可能扎实深厚，但是其他方面还是要虚心向老教师学习。尤其是遇到棘手的事情、突发的状况，一定要及时向直接上级报告，一起集思广益寻求妥善解决的办法。千万不能自作主张，擅自处理。处理不当，引发舆情，悔之晚矣！又如，有礼。孔子说："不学礼，无以立。"不学习礼仪礼貌，就难有立身之处。孔子还说："礼之用，和为贵。"礼的作用，在于使人的关系和谐。总之，彬彬有礼，广受欢迎。一个小小的细节就是，在校园里，无论是认识，还是不认识的老师，路上遇见了，我们都微笑地打个招呼。再如，勤快。要有眼力见儿，饮水机没水了，装一下桶装水；茶几上凌乱了，整理一下桌面儿。举手之劳，深得人心。

工作的头三年，学科教学、班主任工作、学校布置的其他工作，我们一肩承担，肯定会比较辛苦。但正如一句话说得好："请不要在最能吃苦的时候选择安逸，没有人的青春是在红地毯上走过，既然梦想成为那个别人无法企及的自我，就应该选择一条属于自己的道路，为了到达终点，付出别人无法企及的努力。"感谢大家的聆听！

（本文是笔者2014年、2016年光明新区新教师职前培训的讲座底稿）

教师专业成长六字诀

各位老师，上午好！辛苦大家周末前来听讲座。今天我讲的是《教师专业成长六字诀》，我分享自己的见闻、经历、体验和由此生发的经验教训，希望对大家有一点点帮助。下面，我从三个方面来讲。

一、教师专业成长的意义

意义，是指事物存在的原因、作用及其价值。教师专业成长的意义，简言之，就是教师专业成长是为了什么，有什么作用。

（一）教师专业成长才能成为好老师

2014年教师节前夕，习近平总书记在北京师范大学看望师生时强调："一个人遇到好老师是人生的幸运，一个学校拥有好老师是学校的光荣，一个民族源源不断涌现出一批又一批好老师则是民族的希望。"在座谈会上，习近平总书记就如何做一名好老师提出了四点要求，即有理想信念、有道德情操、有扎实学识、有仁爱之心。要成为一名好老师，并不容易！社会的高速发展，对教师素质的要求越来越高，教师必须牢固树立终身学习的理念，始终处于学习的状态，保持专业自觉，促进专业成长。

（二）教师专业成长才能当好引路人

2016年教师节前夕，习近平总书记在北京市八一学校考察并发表重要讲话，强调广大教师要做学生锤炼品格的引路人、学习知识的引路人、创新思维的引路人、奉献祖国的引路人。"教师就是一个肩膀挑着学生的现在，一个肩膀挑着国家的未来。"面对教师这份职业的责任和使命，于漪老师说："一辈子做教师，一辈子学做老师。”于漪老师就是我们的榜样！教师只有不断加强师德修养，提升专业水平，才能更好地托举学生的未来。

（三）教师专业成长才能提升幸福感

“教师职业有一种独特的幸福——享受成长，而且这个成长是双重的成长。”叶澜教授指出，“教师既要学而不厌，又要诲人不倦。一个是学习，一个是诲人，唯有富有创造的教育，才能实现师生复合主体生命的双重成长，而创造能带来真善美合一的幸福体验”。众所周知，课堂是教师和学生共同的生命场域，师生在校的大部分时间是在一节又一节课堂上度过的。如果教师不注重自身专业成长，总是重复昨天的故事，教师会捉襟见肘、课堂会味同嚼蜡、学生会如坐针毡。如果注重自身专业成长，“用一生的时间来备课”，课堂会历久弥新、学生会沉浸其中、教师的教学会炉火纯青。每天都能自信地走上讲台、微笑着面对学生、满意地离开教室，这就是教师的幸福。

（四）教师专业成长有助于形成好家风

习近平总书记在会见第一届全国文明家庭代表时强调：“家风好，就能家道兴盛、和顺美满；家风差，难免殃及子孙、贻害社会，正所谓‘积善之家，必有余庆；积不善之家，必有余殃’。”教师追求专业成长，养仁心、修师德、积学养，能为孩子的成长固本培根；教师追求专业成长，孜孜不倦、身体力行、知行合一，这是孩子成长的雨露阳光。

二、教师专业成长的途径

（一）读

“读书是教师最好的修行。坚持不懈地阅读，就是与最美景致一次次的邂逅。”养成阅读的习惯，能“站在巨人的肩膀上”，看到更远的未来，更广的世界。带着这样的视阈进行教育实践，立意更高，落点更准。

立足实践，进行系统阅读。我们在教育教学实践中，会遇到各种各样的困惑和困难。对这些问题，我们不能轻易放过，更不能视而不见。我们要基于问题的解决，查阅资料，进行系统阅读；明晰问题产生的原因，了解他人解决这些问题的办法；联系工作实际，思考哪些好的办法在自己的教育教学实践中能加以运用。这样的阅读，立足实践，直面问题，即用即学，实效性强。（推荐苏霍姆林斯基《给教师的建议》、王晓春《问题学生诊疗手册》、陈宇《班主任工作十讲》）

立足前沿，进行广泛阅读。“教育要面向现代化，面向世界，面向未来。”教育专家认为现在最迫切需要的10种工作，在10年前根本不存在。未来孩子们从事的职业，也许是我们现在闻所未闻的，而如今我们最熟悉的职业，在未来可能不复存在。现在的学生毕业后准备投入目前还不存在的工作，使用根本还没有发明的科技，解决我们从未想象过的问题。从这个角度来看，教育本身就是滞后于时代发展的。因此教师要多接触新生事物，多了解前沿知识，激活自己的观念，激发学生想象。（推荐李希贵《为了自由呼吸的教育》《面向个体的教育》《教育艺术随想录》）

立足素养，进行深入阅读。习近平总书记说：“过去讲，要给学生一碗水，教师要有一桶水，现在看，这个要求已经不够了，应该是要有一潭水。”“问渠那得清如许，为有源头活水来。”教师必须乐于学习，善于阅读，知行合一，提升自身的道德修养、人文素养和专业学养，才能获得汩汩潺潺的“源头活水”。（推荐李政涛《重建教师的精神宇宙》、吴非《致青年教师》）

正如苏霍姆林斯基在《给教师的建议》中说：“年轻的朋友，我建议你每个月买三本书：①关于你所教的那门学科方面的科学问题的书；②关于可以作为青年们学习榜样的那些人物的生活和斗争事迹的书；③关于人（特别是儿童、少年、男女青年）的心灵的书（心理学方面的书）。只有在这样的条件下，你才可以说：“为了上好一节课，你是一辈子都在备课的。”中小学教师容易陷入事务之中，但一定要挤出时间读书。思维方式转变，工作方法丰富之后，面对繁杂问题，也能提纲挈领、事半功倍。

（二）写

苏霍姆林斯基在《给教师的建议》中写道：“我建议每一位教师都来写教育日记。教育日记并不是什么对它提出某些格式要求的官方文献，而是一种个人的随笔记录，在日常工作中就可以记。这些记录是思考和创造的源泉。”

这段话，给了我们启发：“未经审视的生活是不值得过的。”写教育日记的过程，是重新审视教育生活的过程、是思维触角引向深层的过程、是发现平淡的日常中不平凡意义的过程。

写教育日记，可以写教育叙事。通过讲述教育故事，体悟教育真谛（分享教育叙事《破纪录》）。写教育日记，可以写教学反思。教学反思是指教师以自己的教学活动过程为思考对象，对自己所做出的某种教学行为、决策以及由此所产生的结果进行审视和分析的活动。（分享教学反思《少发脾气，多想办法》《分析小说主题不能“贴标签”》《小站位，大智慧》）叶澜教授特别看重教学反思的撰写，她强调说：“一个教师写一辈子教案不一定能成为名师，写三年教学反思则可能成为名师。”教育日记的日积月累，一定能激活问题意识、激发教育智慧、激励自我成长。问题意识和实践案例的结合，酝酿而成的就是高质量的教育教学论文。

日本教育学家佐藤学认为，教学是一种“反思性实践”，教师是“反思性实践家”，教师本身应具备以下三个条件：一是广博的专业素养，二是进行案例分析，三是长期的实践经验。无论是进行案例分析还是实践经验的总结，都需要教师的“写”。“写”是教育教学的再现和升华、是思维方式的转变和优化、是教育智慧的汇聚和提炼、是教育自觉的唤醒和保持，教师的“写”，值得坚持，需要坚持！

（三）练

在我国基础教育界，于漪是一个格外响亮的名字，她被誉为“一代师表，师者楷模”！几年前，我读《于漪与教育教学求索》一书，真是深深地感动，由衷地敬仰。于漪老师学的是教育学，曾经教过历史。由于工作需要，她转而教了语文，困难是很大的。改行教语文伊始，她从“胸中有书，目中有人”8个字上下功夫，“明灯伴我过半夜”是常事。于漪老师写道：

为了提高课堂教学效果，在正确理解与运用语言文字方面对学生起良好作用，我下功夫锤炼自己的教学语言，我的奋斗目标是“出口成章，下笔成文”。我认真剖析自己教学语言的毛病，首先做到清楚明白，通俗易懂，不含糊其词，不佶屈聱牙；再进而锤炼，力求优美生动，不枯燥干瘪。我的教案写得极为详细，把所教之课的每句话都写下来，然后认真修改，用比较规范的书面语言改造不规范的口头语言，把多余的字、词、句，不合逻辑的地方一一删改，纠正，然后背诵出来，再口语化。这样坚持了两年，语言水平提高了，我做到了讲话、交流，乃至做报告，只打腹稿，不打草稿；学文章，也着力于下笔成文。

其实，钱梦龙老师也有类似的经历，一个偶然的机会，或者说是一个误会，这个才初中毕业的“大孩子”阴差阳错地成了一名中学语文教师。钱梦龙老师根据自己学习语文的经验，选定了一种唯一可供选择的策略：鼓励学生自己学。他回忆说：

我发现，任何一篇文章，只有自己读出了感觉，才能找到引导学生的办法，才能把学生读文章的热情也“鼓”起来。为此，每教一篇课文之前，我总要反反复复地读，或朗诵、或默想、或圈点，直到“品”出了味儿，才决定教什么和怎么教。

无论是于漪老师的锤炼教学语言，还是钱梦龙老师的反复品读课文，都是一个“练”的过程。“操千曲而后晓声，观千剑而后识器。”不练难以登堂入室、不练难以教有所成。语文如此，其他学科亦如此。

入职前三年，刻苦练习尤其重要，这能为你打下坚实的教学底子。备课时反复打磨教学设计，备课完成后对着镜子练教学姿态、练教学语言，上完课查看授课视频。最开始，你甚至不敢看自己上课的视频，但你还是要一节一节地细看，看自己的教态，听自己的表达，然后努力把自己不好的肢体动作、冗余的口头禅改掉。

教学基本功要反复练。就拿板书来说，好的板书一目了然、赏心悦目，有助于学生建构知识。若是教学比武，也能让评委眼前一亮，有助于自己脱颖而出。就板书来说，粉笔字、简笔画都是基本功，都需要练一练。

所谓“拳不离手，曲不离口”，除了板书设计、语言表达等共通的基本功外，各学科还有体现学科教学素养的基本功。光明新区实验学校的黄健老师，之前我就知道他班主任做得好，数学教得好，学生对他简直是“顶礼膜拜”。后来，人教版语文教材加入了《王几何》这篇课文。文中写道：

待全班同学安静下来，他突然面向课堂，反手在背后的黑板上徒手画了一个篮球大的圆，紧接着，又反手画了一个等边三角形。那生动地站在黑板上的圆和等边三角形又标准、又好看，于是全班同学都呆呆地想：用圆规和三角板画，恐怕也不过如此吧？

我们读到这一段的时候，学生议论纷纷：“我们数学老师也是这样的，他也能徒手画圆。”“他应该叫黄几何！”我这才知道，高手就在身边。等上数学课时，我就悄悄在外面看。不看不知道，一看吓一跳！圆和三角形交错、一次函数和二次函数交织，他徒手作图，严丝合缝。下课后，我赶紧凑上去，赞不绝口。他呵呵一笑：“这都是练出来的，快30年的工夫了。我也是受我中学数学老师的影响，那时候，很多老先生基本功都很了得！”

我想：无论是语文老师的出口成章、数学老师的徒手画圆、地理老师的胸中丘壑，还是美术老师的书画双绝、舞蹈老师的闪转腾挪、音乐老师的天籁之声，都是独特的基本功，都能让学生叹为观止，平添一份敬爱之情。

（四）赛

赛是指赛课、教学比武、班主任技能大赛、教学基本功大赛等。也泛指执教公开课、展示课和示范课。可以说，在教师的教学故事中，记忆最鲜活、最难忘的就是“赛课”。从某种意义上看，一些成长缓慢、止步不前的教师，肯定很少参加“赛课”，甚至没有上过高质量的公开课。

赛课的过程就是砥砺成长的过程。2017年，广东省初中语文教学技能大赛，来自顺德的朱焘老师荣获一等奖第一名。赛后，他写了《省赛一堂课胜教三年书》一文，在文中，他说：

从比赛方案公布开始，一个多月的准备时间，我经历了“魔鬼”般的训练。根据竞赛要求，初赛将用三小时完成一篇文本解读、一篇阅读命题，和一篇下水作文。而决赛则需要用一天时间备好一堂课，然后去一个完全陌生并没有做过预习的班级上课。

先说初赛。记得有人曾说过：你想成为某个领域的专家其实很简单——买整整一书架的专业书籍，花三年时间潜心研读，直到融会贯通。虽然我没有那么多的时间，但也只能从读书开始。孙绍振教授的《文学文本解读学》《如是解读文本》和《名作细读》，余映潮、金戈等老师的《文本解读的智慧》，还有更贴近我们身边的，广州汪洋老师的《超越初感——初中经典文本解读与教学策略》。边读边思考边做笔记，用短短一周时间将一本厚厚的新书翻旧。比较法、还原法、无理而妙……各种理论知识在脑中扎根，再在每日一篇的高强度练习下付诸实践。有时，人的潜力真的是被逼出来的！短短一个月时间，我用“从孤立到整合”的眼光，看到了《论语》十二章中孔子的育人理念；从苏教版的散文《往事依依》中领悟到“记忆是一种主观选择”；从蒲松龄的《狼三则》中读出了情感逻辑、现实逻辑与艺术形象间的巧妙联系。

如今，比赛已经结束了。但最让我印象深刻的，既不是决赛赛场上自己的发挥，也不是得知获奖时喜悦的心情。反而是漫长却又短暂的备赛过程，让我真正获益良多。我从备赛中获得的知识与技能，恐怕是站在三尺讲台上三年也无法获得的。

光明区教育局、教科院历来重视赛课。新入职教师有“新苗杯”，工作满三年的教师有“光明杯”，还有对接省、市教学比武的班主任技能大赛、教学基本功大赛等。这些都是我们专业发展的契机，要抓住机会，积极准备。准备可分为长程规划和短期突击：长程规划就是把“赛”和“读”、“写”和“练”结合起来，有意识地提升理论素养、增强教学能力、丰富实践经验、提高写作水平，通过全面培养综合素质，实现竞“赛”的脱颖而出；短期突击就是充分了解“赛”事的内容和形式，在赛前进行高强度训练，以形成教学设计的稳定模型或问题回答的结构化思维，这样，临场发挥，才不会茫然无措，无从下手。

（五）研

“如果你想让教师的劳动给教师带来乐趣，使天天上课不至于变成单调乏味的义务，那你就应当引导每一位教师走到研究这条幸福的道路上来。”在《提倡教师在日常工作中做一些科学研究》一文中，苏霍姆林斯基指出：“只有善于分析自己工作的教师，才能成为得力的、有经验的教师。在自己的工作中分析各种教育现象，正是向教育的智慧攀登的第一个阶梯。”分析并改进自己的工作，就是实践研究。实践研究应该是一线教师在日常工作中进行科学研究的基本策略，也是教师自身专业发展的基本策略。

问题意识是研究的基础。发现问题、分析问题、解决问题，这是研究的基本逻辑，问题意识则贯穿研究的全过程。因此，缺少问题意识就很难开掘出有意义的研究课题，没有问题意识的研究可能是有害于教育教学实践的假研究。问题意识的产生不是“忽如一夜春风来，千树万树梨花开”般的突如其来，而是“山重水复疑无路，柳暗花明又一村”般的豁然开朗。对青年教师来说，可以用撰写教学反思来开启自己的研究之旅。教学反思能激活问题意识，持续的教学反思能让我们从个性问题的发现拓展到共性问题的开掘。共性问题的发现、分析和解决就是具备普遍性、有价值的研究。

例如，入职之初，我通过教学反思发现：我的教学是问题驱动的。我解读文本提出问题，学生阅读文本回答问题。问题提得好，课堂推进就比较顺利；问题没提好，学生思维就陷入凝滞。听科组其他青年教师的课，我又发现：我们的提问存在浅、碎、杂、平的弊病，不聚焦、碎问多，缺少思维含量，不能很好地切入文本，学生在文本之外打转转……我们从这个共性问题出发，立项了区级课题“中学语文课堂提问的有效切入”，着力解决“从哪儿切入文本”“怎么切入文本”等问题，课题组成员提问水平显著提高，教学设计的切入点选得巧妙……课题也获评“优秀课题”。区级课题的成功实践增强了我的信心和兴趣。自此，我走上了实践研究的幸福之路。

（六）养

“养”，作名词讲，是指学养、素养和修养；作动词讲，是指培养、涵养和滋养。这里所讲的“养”是动词和名词相融合，内容和策略相统一。正如孟子曰：“吾善养吾浩然之气。”我们教育工作者要善于培养、涵养、滋养自己的学养、素养和修养。

青年教师要善养师德。“师也者，教之以事而喻诸德也。”习近平总书记高度重视师德师风建设，他强调：“要引导教师把教书育人和自我修养结合起来，做到以德立身、以德立学、以德施教。”在和平年代，教师这一职业，难有碧血丹心的壮举，大多是春风化雨的善举。因此，我们要把师德扎扎实实地体现在热爱教育、关爱学生上来，把心放在学生身上，把根扎在三尺讲台。

教师这一职业，工作内容与“语言表达”密切相关，知识传播靠讲授，思想疏导靠交流。因此，我们一定要“养仁心、积口德”，万不可“豆腐心、刀子嘴”，千万不要让自己的语言或语态变成伤害学生的“刀子”。

青年教师要善养师能。师能是指教师的专业技能和综合素养。扎实的知识功底、过硬的教学能力、科学的教学方法等都是师能的重要内容。在座的各位青年教师有很好的学科知识储备，但是教学知识和教学能力还有很大的进步空间，还需要在教育教学实践中切磋琢磨。近两年来，我听了100余节青年教师的课，发现了一些共性问题。针对这些共性问题，我提三条建议：一是不要脱离学情。教师要始终贴着学情来设置教学目标、确定教学内容、设计学习活动。在这方面，青年教师容易出的问题是：站在自己的角度，总觉得这也简单那也简单。殊不知，站在学生的角度，可能是这也不会那也不会。二是不要替代学生。教师的教是为了学生的学。在这方面，青年教师容易出的问题是：一讲到底，缺少有效学习活动；自问自答，不给学生思考时间。三是不要害怕“错误”。学情是有差异的，有的学生会了，有的学生还不会，这是正常现象，用得好，“错误”是最好的教学资源。在这方面，青年教师容易出的问题是：“钓鱼式”喊学生回答问题或请学生上来板演，少数学生的表现很精彩，大部分学生成为欣赏这些精彩的“看客”，学生的典型错误得不到呈现，真正的问题被掩盖了。扎实地解决这些共性问题，师能将会有明显的提升。

青年教师要善养师品。下棋有棋品，饮酒有酒品，做人有人品，教师自然也有师品。南朝钟嵘创作《诗品》，点评诗人120位，论其优劣，分为上、中、下三品。师品也有高下之分，“居高声自远，非是藉秋风”，青年教师初登讲台，就要在三个方面善养师品：①文化品位。“腹有诗书气自华”，文化品位要用精神食粮去滋养，“一个人的精神发育史，就是他的阅读史。阅读的高度决定精神的高度”。所以，青年教师一定要在繁杂的工作之余，常读书，读好书，提升文化品位。②教育品格。于漪老师曾说：“人是要有点气象的，我们的教育者更要有气象。”“站上讲台就是生命在歌唱。”青年教师踏上工作岗位，可能会承受较大的教学质量的压力，但一定不能迷失“育人”的初心，在“分数”“成绩”之上，一定要有更高的教育追求。③生活品质。王开东老师曾谈到，教师首先是活泼泼的人，其次才是教育水平。活泼泼的人，生动、智慧、幽默，有弹性，有故事，教师要能享受生活的乐趣，保持教学的激情。教师自己是活泼泼的人，把学生也当成活泼泼的人，他的教育很可能就是活泼泼的教育。

三、教师专业成长的须知

（一）课堂至上

课堂是教育教学工作的主阵地，是教师、学生都无法躲藏和回避的生活，教育教学工作涉及方方面面，教师要牢牢抓住课堂这一关键。

课堂至上，教师眼中要有“人”。正如蒙台梭利所说：“教育就是激发生命、充实生命。”讲授知识是课堂的重要内容，但不是课堂的全部内容。教育给予学生最重要的东西，是对知识的热情，对自我成长的热心，对生命的珍视以及更乐观的生活态度。

课堂至上，教师眼中要有“效”。低效、无效甚至反效是对生命的漠视甚至扼杀，教师必须致力于提高课堂教学的有效性。要立足学情，明确教学的起点；要关注能力，明确课堂教学的价值；要着眼未来，在课堂上养成学生良好的学习习惯和思维习惯。

课堂至上，教师眼中要有“趣”。有趣的课堂是思维机敏、深入的课堂，学生可以开展思维碰撞。这样的课堂不是追求表面的喧嚣热闹，而是追求好奇心、想象力的唤醒和激发。

课堂教学从来没有捷径，来不得半点儿浮躁，认认真真地备课，认认真真地上好每一节课，这是任何一个优秀教师都要具备的品质。

（二）坚持到底

鲁迅曾批评说，年轻人容易三分钟热度，一切都想要赶快成功，不成功就泄气、垮台。有了目标之后，人有两种选择：一种是不吃不喝不睡拼命干，这持续不了多久；另一种则是一边干，一边照样交朋友、谈恋爱、泡图书馆，就可以持续很长时间，在更长的时间里达到自己的目的。钱理群教授把鲁迅先生的意思做了一个概括：“边打边玩”。他说：“我们大部分人都不是拿冠军的料，但我们可以慢慢走，认准一个目标之后就去做。”

最后，用余映潮老师的一段话与大家共勉：“任何人的成功都是一种时间的积淀，能够充分利用时间发展自己或者发展事业的人，是大智若愚的人。不教一天闲过，每天做一点、趁着年轻多做事，没有时间的投入，就没有课堂教学的专家。”

谢谢大家!

参考文献

[1] B. A. 苏霍姆林斯基. 给教师的建议 [M]. 杜殿坤，编译. 北京：教育科学出版社，1984.
[2] 常生龙. 读书是教师最好的修行 [M]. 北京：教育科学出版社，2015.
[3] 佐藤学. 教育方法学 [M]. 于莉莉，译. 北京：教育科学出版社，2016.
[4] 于漪. 于漪与教育教学求索 [M]. 北京：北京师范大学出版社，2006.
[5] 钱梦龙. 钱梦龙与导读艺术 [M]. 北京：北京师范大学出版社，2006.
[6] 钱理群. 钱理群中学讲鲁迅 [M]. 北京：生活·读书·新知三联书店，2011.

（本文是笔者2017年光明新区中小学新教师培训讲座底稿）

学校管理干部应从三个维度提升感召力

感召力，是指用态度、观点和行为影响他人，赢得他人赞成和支持，使他人愿意追随自己去干事、成事的能力。感召力是领导力的内核，对学校各层级管理干部来说，感召力都是至关重要的管理能力。学校是知识分子聚集地，在这里，感召力的产生并不容易。学校管理干部应从三个维度加强自我修炼、提升感召力。

一、能服众是提升感召力的基础

能服众就是能让团队成员信服、心服。能服众是提升感召力的基础，只有团队成员信服、心服，他才愿意接受管理干部的指挥或协调。管理干部要想服众，必须做到“三要”。

（一）要为人正派

《论语·子路篇》中说：“其身正，不令而从；其身不正，虽令不从。”“身正”就是人品好、作风正、胸怀坦荡、光明磊落。学校管理干部要表里如一，这样才能建立真实可信的人际关系。比如，提工作要求时，要在会上开诚布公讲到位。不要会上不说清楚，出了问题，窃窃私语指责他人。又如，对团队中工作不到位的教师，要找合适机会，坦诚交流，帮助其找出症结所在和解决办法，而不是表面上笑容可掬，背地里向上级投诉。学校管理干部要言行合一，这样才能形成稳妥扎实的工作作风。讲话符合实情，不了解实情就不要道听途说。说到就要做到，说之前就要掂量。会上三思而说，会后绝不乱说。学校管理干部要善于沟通，这样才能具备良好稳固的群众基础。学校有全局的决策，教师有各自的诉求，学校管理干部要做好沟通桥梁，对于教师合理的诉求要及时汇报，对于学校全局的决策要细心解释。不要推诿说不知道，也不要歪曲打小报告，如果给一线教师留下“不管事”“朝上看”的印象，就很难服众。

（二）要办事公道

《史记·陈丞相世家》中记载：“里中社，平（指陈平）为宰，分肉食甚均。父老曰：‘善，陈孺子之为宰！’平曰：‘嗟乎，使平得宰天下，亦如是肉矣！”这是办事公道，赢得信服的典型例证。若把典故中的“肉”泛指为“利益”，则更有现实意义。涉及教师利益的主要是评优评先、职称评聘、绩效分配。正如李希贵校长所说：“绝对的公平是没有的，但领导者的行为应该是公平的。靠机制创造公平，这是我最深的感受和最大的感受。在评先进与晋升职称这个问题上要创造公平，就要在条件的要求上加大工作业绩的比重。”如果说方案的制定要充分考虑公平，那么具体的施行就要切实遵守流程。比如，推优推先，级组长、科组长就要按照方案组织述职投票，万不可自己一个人就做了决定。学校管理干部的表扬点赞也是一种评价，要慎重、要公平。如果会议上要表扬，就要在全面掌握情况的基础上再表扬。错误的表扬有损公道，长期的错误的偏私会导致用人导向的偏差。工作中与人相处，难免会有亲疏远近，但是工作安排要尽量避免亲疏有别。如果工作业绩不突出，就因为关系亲近，不该点赞的也点赞，不该推荐的也推荐，长此以往，管理干部要服众，难于上青天。

（三）要业务过硬

教师是专业技术岗位，管理干部是从教师群体中走出来的、又要面向教师群体进行指导和引领，因此，管理干部一定要业务过硬。站得稳讲台，育得了学生、稳得住家长，才能服得了众。管理干部的业务能力不要求力拔头筹，但最少也要名列前茅。因此，管理干部必须持续充电、不断学习，增强工作本领，提高解决学校教育教学实际问题的能力。

二、会引领是提升感召力的核心

会引领是指学校管理干部能准确把握行动的方向和路径，高效地完成任务、达成目标。会引领是提升感召力的核心，在管理干部的引领下，团队能达成目标，团队的价值才得以实现。会引领，管理干部要做到“三能”。

（一）能系统规划所管的工作领域

“没有全局在胸，是不会真的投下一着好棋子的。”中小学管理干部面对的多是琐碎繁杂的具体事务，如果仅仅盯着一个个具体的工作，会割裂每项工作之间的内在联系，也容易产生职业倦怠。所以学校管理干部要善于跳出事务，系统规划团队的管理工作，明确整体的目标和任务以及每个阶段的特点和工作内容。例如，年级管理干部就特别需要培养系统规划的能力，在把握学生身心发展规律的基础上，明确每个学期工作的侧重点，从而形成一体规划、分段实施的工作方案。

（二）能预见把握工作的重点难点

从开学准备到学期结束，管理工作是连续性的，过程中有时间节点上的缓急，也有任务安排上的轻重。管理干部要能够预见和把握。例如，新教师入职要培训，培训分为岗前培训和跟岗培训。岗前培训的重点是讲开学注意事项，方式应是宣讲式，时间是学生开学前；跟岗培训的重点是解决工作疑难，方式应是互动式，时间是开学一个多月后。新班主任上岗前，管理干部就要明确告诉他开学工作怎样做，如报到时要第一时间留存新生父母的联系方式；要及时告知家长进班级家长群，这样才能及时有效地解决突发事件。又如，从事教学管理工作，考务繁杂，尤其是中高考考务。做好考务，开好考务会很关键。而很多青年教师开会时“机不离手”，所以开考务会前就要明确要求与会者把手机关机，放到包里。学校管理工作多事务类工作，要靠经历和经验。对青年管理干部而言，弥补经验不足的方法就是多听、多看、多学、多做。

（三）能协调解决下属的疑难杂症

在工作执行的过程中，因为情况的不同、能力的差别，团队成员难免会遇到工作的疑难杂症，如问题学生的处理、无理家长的刁难、突发事件的处置等。当这些问题摆到管理干部面前的时候，不能推诿，要主动提供支援，以求妥善解决。如果面对这样的疑难杂症，管理干部或置若罔闻、或一味指责批评，将不利于问题的解决，也丢掉了提升感召力的宝贵机会。

三、肯务实是提升感召力的关键

肯务实就是管理工作基于实际、实事求是；就是注重笃行、脚踏实地；就是身体力行、不玩“花活”。肯务实是提升感召力的关键。“喊破嗓子，不如甩开膀子！”管理干部自己干在前面，才能激发团队进取的热情。肯务实，意味着管理干部要“俯下身子”和“撸起袖子”。

（一）俯下身子倾听老师的建议

学校管理干部工作繁重，即使再有能力，也不可能承担所有班级的教学，更不可能完全浸泡在教师和学生中间。因此，在制订工作计划和方案时，一定要俯下身子倾听教师们，尤其是经验丰富的老教师的建议，择善而从，这样才能真正把情况摸清摸透，把工作做细做实。此外，“让团队中的所有人分享他们自己的观点，有助于他们承担起主人翁的角色，当你相信他人时，实际上你在鼓励他们”。让每一个人都感到自己的重要性，团队就有了凝聚力，管理干部也就培养了感召力。

（二）撸起袖子领着教师一起干

“撸起袖子”是使出力气加油干，“领”是站在前面率先干。习劳为办事之本。打硬仗，自己上，这是“领导力”的最终体现。管理干部以身作则、身体力行，才能焕发出真正的感召力。站在旁边喊破嗓子吆喝着教师加油干，不如走进场子撸起袖子带领着教师一起干。例如，遇到台风暴雨等恶劣天气，班主任们顶风冒雨疏散学生。这时候，如果管理干部能更早走到疏散一线，就能让班主任感受到“自己不是一个人在战斗”。当然，学校管理干部各有职责，也不要盲目“混到划船的队伍中去”。在自己的岗位上热情投入，全力以赴，就能成为“自燃型”、有感召力的管理干部。

管理者的自我管理，不仅关乎自己的感召力，更影响到团队的作风。卓有成效的管理者必须能自如地掌控他们自己的想法、情绪和行动。只有这样，感召力的形成才有所凭依。

参考文献

[1] 李希贵. 教育艺术随想录［M］. 北京：中国人民大学出版社，2017.

[2] 约翰·麦克斯韦尔.领导力的5个层次［M］.任世杰，译.北京：金城出版社，2012.

[3] 冯唐. 成事：冯唐品读曾国藩嘉言钞［M］.北京：北京联合出版公司，2020.

[4] 彼得·德鲁克.卓有成效的管理者［M］. 许是祥，译.北京：机械工业出版社，2018.

（本文获2023年深圳市光明区“光明杯”教育教学论文评比一等奖）

从四个层面着力加强学校党建工作

在全面从严治党新形势下，中小学校党建工作弱化的情况得到彻底扭转，党建工作呈现出新气象。然而，在实际工作中，中小学校党建工作还存在“虚化”和“窄化”的问题，主要表现在教师全员的理论学习不够，理论和实践的结合不深入，学校党组织领导作用的发挥不充分等。为了解决这些问题，学校党组织要从四个层面着力加强党建工作，充分发挥党对学校工作的全面领导。

一、学校管理层面：深入贯彻落实党的教育方针政策

（一）学校党组织要落实《关于加强中小学校党的建设工作的意见》

2016年6月29日，中央组织部、教育部党组联合印发了《关于加强中小学校党的建设工作的意见》（以下简称《意见》）。《意见》是中小学党建工作的指南。加强党建工作，中小学校党组织首先要按照《意见》要求，发挥学校政治核心作用，全面负责学校党的思想、组织、作风、反腐倡廉和制度建设，完成党建工作规定动作，把各项工作落到实处，收到成效。

（二）学校党组织要强化教师全员理论学习，把准学校办学方向

“两学一做”学习教育开展以来，全体党员深入学习习近平总书记系列讲话。支部标准化建设实施以后，“三会一课”常态化、规范化进行，党员教师的理论学习有了保证；深入落实“第一议题”制度，学校管理干部的理论素养得到提升。但是仅仅只有党员教师和管理干部开展理论学习还不够，2019年6月23日，《中共中央、国务院关于深化教育教学改革全面提高义务教育质量的意

见》印发，文件指出："坚持以习近平新时代中国特色社会主义思想为指导，全面贯彻党的教育方针，落实立德树人根本任务……"这就要求每一位教育工作者都要加强理论学习。理论学习仅仅靠自发自觉不行，学校党组织要召集召开理论学习会和分享会，学原文、悟原理，用习近平新时代中国特色社会主义思想铸魂育人。

习近平总书记在全国教育大会重要讲话中强调："我国是中国共产党领导的社会主义国家，这就决定了我们的教育必须把培养社会主义建设者和接班人作为根本任务，培养一代又一代拥护中国共产党领导和我国社会主义制度、立志为中国特色社会主义奋斗终身的有用人才。这是教育工作的根本任务，也是教育现代化的方向和目标。"学校党组织要始终把准社会主义的办学方向，要从"为谁培养人，培养什么人"的高度来审定学校的办学章程、工作计划和活动开展，确保学校教育教学活动的全部都在正确的方向上。

（三）学校党组织要监督校内国家课程落实，把关思想品德课开设

国家课程集中体现了国家意志，是决定一个国家基础教育质量的主要因素，因此国家课程具有统一规定性和强制性。

全面贯彻党的教育方针政策首先体现在开足、开齐、开好国家课程上。每学期学校课表编排完成之后，学校党组织要进行审定。在课表实施过程中，要进行检查。对随意增减课时，不按课表上课的现象，要批评整改。总之，学校党组织有责任监督国家课程的落实。

习近平总书记在学校思想政治理论课教师座谈会上讲话指出："思想政治理论课是落实立德树人根本任务的关键课程。要给学生心灵埋下真善美的种子，引导学生扣好人生第一粒扣子。"学校党组织负责人要重视思想品德课的开设，要把关思想品德课的内容，要广泛深入参与思想品德课的教学研讨活动，要身体力行上好思想品德示范课，要想方设法提升学校思想品德课的授课水平，使之深入浅出、触动孩子的心灵。

二、教师发展层面：抓好师德师风建设进行培训考核

（一）学校党组织要负责师德师风的培训考核工作，要用“四有”好老师标准引领师德师风建设

“师德”是指教师的职业道德；“师风”是指教师的职业风度，泛指教师这一行业的风尚风气。师德师风就是教育工作者在从事教育活动中必须遵守的道德规范和行为准则，以及与之相适应的道德观念、情操、品质和风度。具有优良师德师风的教师，会对其学生产生一辈子的影响。因此，学校的师德师风建设至关重要。

一般来说，各学校常由科研处负责教师发展工作，重在业务培训。学年结束，又由办公室结合年度考核进行师德师风考核。这样一来，师德师风的培训和考核就出现了不具体、不深入的问题。为了加强师德师风建设，落实立德树人根本任务，学校党组织要承担起师德师风建设的主体责任，要按照《新时代中小学教师职业行为十项准则》进行师德师风培训、考核等工作。

2014年第30个教师节前夕，习近平总书记考察北京师范大学时发表重要讲话，勉励广大师生做有理想信念、有道德情操、有扎实学识、有仁爱之心的“四有”好老师。学校党组织要切实发挥师德师风建设的领导作用，自觉用“四有好老师标准”引领教师发展。理想信念、道德情操，其本身就是党建工作的重要内容，学校党组织要以此为专题，通过系列的培训、鲜活的事例、生动的讲述，引领教师在是非、曲直、善恶、义利、得失等方面把准方向、以身作则、率先垂范，从而担起立德树人的重任。

（二）学校党组织要发挥党员教师模范带头作用，做好发展优秀教师入党工作

学校党组织要扎实开展谈心谈话，通过谈心谈话，凝聚力量，激励党员教师爱岗敬业、教书育人。要善于发掘党员教师中的先进典型，深入宣传社会美誉度高、师生口碑好的党员教师，充分发挥其先锋模范作用。要深入师生一线，主动发现工作踏实肯干、成效突出的教师尤其是青年教师，主动和他们谈话谈心，提升他们的思想觉悟，指引他们积极向党组织靠拢。与此同时，对教师队伍中的不良风气，学校党组织要敢于批评、敢于斗争，要营造风清气正育人环境。

三、学生培养层面：培育和弘扬社会主义核心价值观

（一）学校党组织要加强对德育工作领导，强化党建带团建、队建

《中共中央、国务院关于深化教育教学改革全面提高义务教育质量的意见》明确指出：“坚持德育优先，教育引导学生爱党爱国爱人民爱社会主义。要突出德育实效……引导少年儿童听党话、跟党走……突出政治启蒙和价值观塑造，充分发挥共青团、少先队组织育人作用。”在新形势下，各学校要完善德育工作体系，要加强学校党组织对德育工作的领导，要让学校党组织负责人对德育工作负责，强化党建带团建、队建。

（二）学校党组织要用社会主义核心价值观统领学校的德育工作

习近平总书记强调：“社会主义核心价值观是当代中国精神的集中体现，是凝聚中国力量的思想道德基础”，要用社会主义核心价值观教育学生，“使社会主义核心价值观润物细无声地浸润学生们的心田、转化为日常行为，增强学生的价值判断能力、价值选择能力、价值塑造能力，引领学生健康成长”。学校党组织要把学习践行社会主义核心价值观作为德育工作的主要内容，在社会主义核心价值观整体框架下，提纲挈领，系列规划德育工作，主题开展德育活动。

四、家校合作层面：践行党的群众路线增强服务意识

（一）进一步做好学校窗口的“党员服务岗”，为家长提供咨询指导服务

我国发展教育，一定要树立以人民为中心的发展思想，学校教育就是为人民服务。因此，学校党组织要践行党的群众路线增强服务意识。每年的招生、中高考等工作，关系千家万户，对这些社会关注的热点工作，学校党组织要高度重视，要选派懂政策、脾性好、善沟通的党员教师到服务窗口，亮出“党员服务岗”，为家长提供高质量的咨询指导服务。

（二）学校党组织要利用家长会宣传党的教育政策，讲述身边的好故事，提振社会正能量

一般来说，家长会分年级召开，主要是年级教学工作的通报会、年级管理

事务的协调会。长此以往，家长会就会比较单调、乏味。学校党组织可以利用家长会这一难得的契机，精心准备、用心备会，宣传党的教育政策，宣传光明区教育发展的显著成绩和美好愿景，还可以选择党员教师中的先进典型，讲述自己的教育理念和教育实践，用身边的好故事，提振社会正能量。

中小学校党建工作对于全面贯彻党的教育方针、保证社会主义办学方向，落实立德树人根本任务，培养德智体美劳全面发展的社会主义建设者和接班人具有重要的意义。中小学校党组织要围绕党建这一中心工作，从学校工作的四个层面，突出重点，解决虚化和窄化的问题，开创党建工作和教育教学工作相辅相成的新局面。

（本文获光明区教育系统2019年“党建引领光明教育高质量发展”主题论文征集评选一等奖）

教学的“实做”和“巧做”

我跟大家汇报的题目是“教学的‘实做’和‘巧做’”。主要是梳理我个人日常的教育教学工作，提炼实践中行之有效的办法，希望对老师们提升自己的教学质量，提高学生的学业成绩有所帮助。

一、“实做”和“巧做”的前提是“用心做”

2007年9月，我入职深圳市公明实验学校，担任七（3）班班主任，任教七（3）班、七（4）班语文。学校是2005年9月创办的，我是学校新入职的第2位研究生。

踏上三尺讲台之后，我并不清楚初中的语文课该怎么教。课堂上，我常常跑题，由课堂上迸发的一个点，生发出很多与本课教学无关的内容。这样的课堂，学生听起来津津有味，考出来岌岌可危。由于各项指标都落后，平均分差距十几分，以至于有人窃窃私语：“研究生也不过如此！”校领导也私下跟我说：“要想办法把教学成绩搞上去！”那一段时间，“压力山大”！我深入反思自己的教学，发现了自己“脱离学情，重心虚高”的问题。随即开始“脱虚向实”，一门心思琢磨怎样改进课堂教学，怎样提升课堂质效，扎扎实实地把手头上的事情做好，从此开启了一段比较精彩的教育教学历程。

从教12年，我承担毕业班教学7年，每一届都取得了可圈可点的成绩：2011届担任九（2）班班主任，邓师洁同学中考标准分822分，荣获光明新区状元；2011年9月，我任教七（6）班语文，三年一体、长程规划、分步实施；2014年6月，九（6）班42人参加中考，语文A+15人、A21人共计36人。我的教学质量之所以能稳步提升，关键在于自2009年9月开始，我养成了随时记录、撰写日志的习惯：我记录并对学生的常见错字、典型错题进行分类；我分析并跟进学生的课堂状态及能力短板；我设计并实施复习的可行计划和有效专题。

这样的经历，让我充分地感受到：认真做事才能把事情做对，用心做事才能把事情做好。教学“实做”和“巧做”的前提是“用心做”。

二、教学如何“实做”

教育从来就没有“捷径”，只有“种瓜得瓜，种豆得豆”“一分耕耘，一分收获”，这就是“常识”。教育，就是每天都认认真真地上课、认认真真地备课、认认真真地带班、认认真真地和孩子谈心，这就是“朴素”。认认真真地备课、上课、带班、谈心，上好每一节课，留好每一次作业，把握每一个教育契机，教学的“实做”正蕴藏其中。

（一）扎扎实实地研究学情

学情分析是教学策略选择和教学活动设计的落脚点。有效的教学应该是基于学情的教学。不分析学生的真实情况，光想着怎样把课上得精彩纷呈，课堂将成为教师一厢情愿的自我表演，表面热闹，华而不实。

1. 学情分析的内容

学生之前学过了什么？学会了什么？什么没学会？学生学习本节课的困难和障碍是什么？共性问题是什么？典型错误是什么？学情差异是什么？

2. 学情分析的手段

课堂问答反馈、作业情况统计、考试情况分析、学习状态访谈、调查问卷反馈等。

3. 学情分析的诀窍：两次归类分析

第一次对所有出现的问题进行分类：区分个性问题和共性问题。个性问题个别辅导解决，共性问题全班专题讲解。

第二次对所有共性的问题进行分类：区分基础问题和能力问题。基础问题要通过针对训练抓落实，能力问题要进行专题训练补短板。

十余年如一日地做好这件事，让我大有收获：我把学生的共性问题，按篇目、册数、题型进行归类，新课讲授、分册复习、专题训练时，我都能充分把握要点。在这样的基础上，我还形成了一套基于学情的复习资料——《云哥宝典》。教师心中有数，教学才胸有成竹。

（二）扎扎实实地钻研教材

苏霍姆林斯基说：“教师对教材有深刻的知识，这是教育素养的基本方面之一。教师越是能够自如地掌握教材，那么他的讲述就越是情感鲜明，那么处于他的注意中心的并不是教材内容，而是学生的脑力劳动，学生听课以后需要花在抠教科书上的时间就越少。”

1. 整体把握教材的体系结构

通读全套教材，整体把握教材的知识体系和框架结构，熟悉单元、章节的教材内容。

2. 充分把握章节的目标内容

研读课程标准，明确学段目标。拟定学期课程纲要，明晰课程目标在学期目标、教学内容中的体现，准确把握教学内容及重难点，研究并用好课后习题。

3. 深入把握知识的前后勾连

理科逻辑性强，知识之间有着紧密联系。要找出这些前后的勾连点。思考如何最大程度地引导学生将要学的知识与已有的知识经验建立相应的联系。

4. 精准把握考点的分布情况

研究中考真题，分析考点在教材中的分布情况；记录学生易错情况，归纳总结需要“重敲”的教学点。新课讲授时，就能有的放矢、切中要害，切实减轻初三查漏补缺任务。

对语文教师来说，部编教材是新教材。正好适用于永正老师所说的备课方法：“备课首先要备朗读，至少读三四遍。亲身体验作者的情感，领会作者遣词造句、谋篇布局的意图，备好课文中的文字里所‘隐藏’的东西。上公开课，读的遍数还要多。要求学生背的，我先背下来。”

（三）扎扎实实地精选精练

学案、作业等教学资料的粗制滥造是对本学科教学的不负责任，也是对其他学科的粗暴挤压，更是对学生身心健康的损害。“老师多费心，学生少费力”！精选精练是提升教学质效关键，精选精炼的前提是扎扎实实地积累资料。

1. 按题型积累中考真题

每年中考结束之后，查找深圳市、广州市、广东省、北京市、上海市、浙江省、山西省等区域的中考原题，并按题型对其中试题择优归类。

2. 按主题积累阅读材料

挑选文质兼美的文学作品阅读材料，按主题（家国情怀、理想信念、亲情乡愁等）进行分类，进行现代文阅读训练时，可以按主题进行“读写结合”。

3. 按章节积累名著选段

部编教材特别强调整本书阅读和名著阅读，名著阅读的片段，都要回归原著，细读章节，再按回目章节把常考的片段摘录积累下来。

4. 按姓名积累考生佳作

中考语文要想拿A+，作文一定要达到一类文的水平。优秀的考场作文靠临场发挥很不现实，一定要“有备而来”。学生的优秀作文，修改升格之后，以姓名命名建文件夹，从七年级开始积累，使其有10余篇优秀作文打底。

教辅资料大多也是这样分类设计的，如果结合前面所说的“记录错题，研究学情”，就能把知识点和易错点结合起来。基于具体学情进行针对训练，学生易于掌握又能节省时间。精讲精练要坡度合理，为学生提升思维能力“搭台阶”，让学生拾级而上。

（四）扎扎实实地抓好落实

我在教学日志上写过这样一段话，中考备考，重在“落实”：一是围绕考点进行落实；二是抓住课堂，堂堂落实；三是细致分析考情，对未落实的内容进行再落实；四是采用最有效的落实方法，针对不同情况采用不同落实方法。

抓好落实就要进行“考点分类”和“学生分层”。

考点分类，即针对考点的难易采取不同的落实方法：哪些考点是易得分且易掌握的？哪些考点是不易得分且不易掌握的？哪些考点是突破难点就立竿见影的？哪些方面对培养A+学生是至关重要的？

学生分层，即依据学生的差异提出不同的落实要求：全部同学能掌握的考点，落实时就要人人过关。部分同学能掌握的考点，落实时就要因人而异。需要少数同学突破的考点，落实时就要个别辅导。需要冲刺高分的同学，就要特别重视非智力因素的调适。

落实不是高耗低效地“死抓”，而是教学要基于学情落到实处。充分研究学情，合理拟定教学目标，精心设计学习活动，把教学扎扎实实地落实到学生在“最近发展区”的“提高”上。

三、教学如何“巧做”

（一）在形成和谐稳固师生关系上下足功夫

教师的教育学问很大一部分是在师生人际交往的过程中获得的。愿意跟学生打交道、擅长跟学生打交道是中小学优秀教师的基本素养。

1. 仁爱之心是前提

关心爱护学生是师德基本要求。《新时代中小学教师职业行为十项准则》明确要求：“关心爱护学生。严慈相济，诲人不倦，真心关爱学生，严格要求学生，做学生的良师益友；不得歧视、侮辱学生，严禁虐待、伤害学生。”什么是“仁爱之心”？“仁，从人，从二”，意为两个人在一起，两个人愿意走在一起，表明相互间亲近友爱。《春初·元命苞》中说：“仁者，情志好生爱人，故立字二人为仁。”“仁，亲也”，孔子以“仁”为最高道德标准，其核心是人与人相互亲爱。

要善待学生。心理学家研究发现，最需要爱的孩子总是以最糟糕、最没有爱的方式表达他们对爱的渴望。教师要了解学生行为背后的动机和真实的原因，不能简单地贴标签，把学生的心理、行为问题道德化。即使学生有错，甚至是无礼冒犯，教师依然要保持冷静克制，不要因此和学生形同陌路。人最害怕的不是被批评，而是被漠视。漠视会毁掉一个懵懂莽撞的孩子。

要尊重学生。“君子养心莫善于诚，至诚则无它事矣。”要对学生真诚、友善、礼貌并且言而有信。教师要养仁心、积口德，语言要有底线，千万不能敲碎学生的梦想、千万不能贬损学生的人格、千万不能说伤害学生的话，否则，悔之晚矣！

要欣赏学生。德国哲学家尼采认为："人的一生都在追求重要感。渴望得到别人的认可和赞赏，是人类埋藏最深的本性。"美国心理学家詹姆士指出："人类本质中最殷切的要求是渴望被肯定。"心理学研究发现，人们会喜欢喜欢自己的人。教师真诚地欣赏学生，学生才会真心地亲近教师。

要包容学生。每个学生都是独一无二的生命个体，他们的性格、禀赋都各不相同，有所差异。教师不能用"学习成绩"这把尺子来衡量所有的学生。教育不是要抹平学生的独特性、差异性，而是要发现学生个性的最强点和闪光点。"当心你的教鞭下有瓦特，你的冷眼里有牛顿，你的讥笑中有爱迪生。"让每一个孩子都成为更好的自己，这就是教育最大的善事。

2. 细节感人是妙招

和学生的心弦对准音调。人类的情感现象是人的生命活动的重要方式。人们时刻体验着内心的喜悦、悲哀、得意、悔恨、幸福、成功……也能观察到他人的同样感受，同时借助这种方式与他人进行心灵的交流与沟通。教师要有同理心，遇到事情，不轻易地下结论，而是乐于倾听、善于倾听，先听后说，多听少说。做一个称职的倾听者——听学生说胜过对学生说，用你的语言复述他说的内容，从孩子的视角审视当时的情境、理解他们的内心，唤醒学生的内驱力，让学生成为自己的主人。

让学生感受到你的关爱。王晓春老师在《区分职业的爱与私人的爱》一文中谈道："教师对学生的爱应该主要是职业的爱，而不是私人的爱。教师的爱是一种关心、关切、理解、宽容、帮助……人无法爱上一个说谎成性的学生，学生说谎我当然会反感，但是这并不妨碍我关心他和帮助他。"此外，教师觉得自己是在关爱学生，这还不够，关键要让学生感觉到你是在关爱他。真诚地肯定他任何可以肯定的部分，学生的心灵被懂得，这个时候，他就会感受到你对他的关爱。

3. 宽严相济是关键

亚里士多德说："教育必须基于三个原则，中庸、可能和适当。"亚里士多德所说的"中庸"即用理智来调节自己的感情和行为，使之既不过度，也无不及，而自始至终保持适中。孔子也说："中庸之为德也，其至矣乎！民鲜久矣。"《中庸》原文解释"中庸"为："喜怒哀乐之未发，谓之中；发而皆中节，谓之和。"喜怒哀乐的情绪没有表露出来，这叫作"中"。表露出来但合于法度，这叫作"和"。北宋理学家程颐阐释"中庸"一词时说："不偏之谓中，不易之谓庸。"即不偏向任何一方叫作"中"，不改变叫作"庸"。教育也要讲究一个"度"，不偏不倚、无过无不及。

有效批评。教育不能缺失批评，批评就要有效批评。批评之前要先解决情绪问题，带着情绪批评，容易恶语伤人。批评之前要全面客观了解事情经过，带着偏见批评，容易片面武断。批评的时候，要采用"五步法"：①摆事实。把事实真实客观地呈现出来，就事论事，不翻旧账。②谈影响。把事情的严重程度表达出来。③问原因。给学生一个自我反思、下台阶的机会。④拿措施。让学生自己给自己提要求，怎么改正，切实可行。⑤定奖惩。奖惩恰如其分，科学合理，循序渐进。批评不是为了发泄情绪，而是为了解决问题，为了帮助学生去改变现状。教师很难做到从不跟学生生气，但是不要轻易跟学生生气，不能把听不听话当作衡量学生好不好的标准。教师要平静之后再批评，想明白之后再找学生谈话。

具体表扬。教师要善于表扬，因为"教师对学生的高期望会使学生向好的方向发展"。表扬要真诚，要针对学生的优点和善行，恰如其分地表扬；表扬要具体，哪些方面做得好，给教师带来什么样的感受，要非常具体地描述细节和内心感触；表扬不能廉价，不表扬常态，只表扬改变和进步，学生付出了努力，而这努力恰恰被教师看见，这种"被看见"的表扬才能激发学生的内驱力。

4. 调动学生是智慧

以勤动人。"勤"即"勤勉"，就是对工作认真负责的态度。马卡连柯曾说："教师的威信首先建立在责任心上。"为了学生的成长殚精竭虑、为了学生的发展绞尽脑汁，你的辛勤付出，学生会感受到、会受到感染，你站稳了课堂，自然赢得了学生。这就是乌申斯基所强调的"教师个人的范例，对于青年人的心灵，是任何东西都不可能代替的最有用的阳光"。

以情动人。小原国芳指出："要拨动学生的心弦，要'心心相印'，教育的深刻意义由此才能油然而生。要是彼此之间没有这种关系，学生走学生的路，教师走教师的路，将是何等的冷清寂寥呀！”好教师应该把自己的温暖和情感倾注到每一个学生身上，通过真心、真诚、真情拉近同学生的心灵距离，滋润学生的心田。

激发学生的高尚动机。苏霍姆林斯基说：“我坚定地相信，诱使儿童自觉地、刻苦地从事脑力劳动的一种最强有力的刺激物，就是赋予他的脑力劳动以人情味，使他感到愿意给自己的亲人（妈妈、爸爸）带来喜悦是一种高尚的情操。”

为学生树立正面形象。“促使儿童学习，激发他的学习兴趣，使他刻苦顽强用功学习的最强大的力量，是他对自己的信心和自尊感。”因此，要给孩子一个“你可以做到”的积极人设。同时要对学生所做事情的成效给予及时的和经常的反馈，他们往往就能更好地集中注意力并坚持下去。

（二）在基于问题解决实施教学上下足功夫

教育心理学家加涅有一句很精辟的名言：“为学习设计教学。”在他看来，教学就是教学生学，就是帮助、指导学生学习。学生已经会的，不需要教师教；学生存在困难和障碍的，才需要教师教。因此，要提升课堂教学的质效，必须在基于问题解决实施教学上下功夫。

发现问题是解决问题的先决条件，发现问题就要有问题意识。“问题意识”是指人在认识活动中，对实践中遇到的一些疑难、困惑的现实或理论问题进行深入思考、积极探究的心理活动。“问题意识”跟责任心相关，所谓“念念不忘，必有回响”，当你一门心思想把事情做好，你一定会激活问题意识、创新思维。

基于问题解决实施教学，是指在教学过程中，首先研究学情，发现学生在学习过程中存在的问题，然后针对问题实施教学，搭建学习支架帮助学生解决这些问题，在解决这些问题的过程中，学生得到知识上和能力上的提高。

（三）在阅读实践反思相互促进上下足功夫

很偶然的一次机会，我读到了朱永新教授写的《朱永新成功保险公司开业启事》。这个开业启事用幽默的语言强调了教育反思的重要性。我上网搜索了朱永新教授的相关信息，看了他的《我的教育理想》一书。之后，我就下定了写教育反思的决心。时至今日，虽然很遗憾，我没能做到每天都提笔，但因此养成了对自己的教育行为和结果进行审视和反思的习惯，真是获益匪浅！当我重新翻阅这些年写下的文字，教育生活的点点滴滴都浮现在我的眼前，这种感觉很奇妙，也很幸福！

如果在培训研修、研讨交流中，听到让自己怦然心动的经验介绍，那么回来之后，我一定要试一试。例如，2013年暑假赴华东师范大学培训，听到熊川武教授讲到“两册分离”。“两册”即习题册和答题册。“两册分离”即学生在答题册上完成作业，错题在习题册上标记。这样习题册就变成了错误本，而且是分星级的错题本。我听了觉得真是好办法，2014年秋季开始，我就采用这种方法，效果很好。好的经验，引起共鸣，还要引发行动。否则，就会“听的时候很激动，听完之后一动不动”。

四、“实做”和“巧做”的关键是“坚持做”

“努力，努力，再努力。”每个人的成长都离不开持续奋进。能够把一个简单的事情，坚持做下去就是一个奇迹。任何人的成功都是一种时间的积淀，能够充分利用时间发展自己或者发展事业的人，是大智若愚的人。不教一天闲过，每天做一点、趁着年轻多做事，没有时间的投入，就没有课堂教学的专家。

参考文献

[1] 李镇西. 李镇西校长手记2：好的教育莫过于感染［M］. 武汉：长江文艺出版社，2018.

[2] B. A. 苏霍姆林斯基. 给教师的建议［M］. 杜殿坤，编译. 北京：教育科学出版社，1984.

[3] 于永正. 于永正：我怎样教语文［M］. 北京：教育科学出版社，2014.

[4] 赖华强. 班主任工作案例教程［M］. 广州：暨南大学出版社，2004.

（本文是笔者2019年广东和西藏林芝中小学“百校手拉手活动”中，在林芝市察隅县中学所做讲座的底稿）

用研究的状态“守正创新”

2021年4月21日至30日，深圳市“优秀中学校长培养工程”第3期培训班全体学员远赴北京，进行了主题为“理想教育的坚守与转型”集中研修。本次研修课程丰富、立体：既有教育常识的回望，也有领导力的培养；既有跨文化沟通的具体讲解，也有自我文化认同的深刻阐述；既有师德能力建设的多重思考，也有90后教师管理的关键诀窍，还有“李白跑地球”发起人李镇宇先生对“信念、热爱与坚持”的跨界理解……这次培训使我进一步确认：做好学校各项工作，要守正创新。

在主持中共十九届中央政治局第十五次集体学习时，习近平总书记深刻指出：“坚持守正和创新相统一，这既是我们党领导伟大社会革命的重要经验，也是我们党推进自我革命的历史自觉。”对学校管理者而言，办学要坚守什么，变革什么，怎么守正，怎么创新，这是需要研究的重要问题。

一、守正：夯实立德树人的根基

“守正”即恪守正道；“正道”是指事物运行的正确规律，以及事物发展的正确道路。办学的“守正”就是要充分理解并全面贯彻党的教育方针；充分尊重并始终遵循教育常识和青少年身心发展规律。

针对聚焦培养什么人、怎样培养人、为谁培养人这个根本问题，习近平总书记强调：坚持中国特色社会主义教育发展道路，培养德智体美劳全面发展的社会主义建设者和接班人。他关于教育的重要论述，如“九个坚持”“六个下功夫”“四个相统一”“‘四有’好老师”等，集中体现了党对教育事业规律性认识的深化。习近平总书记特别关心青少年的健康成长，党的十八大以来，他多次强调要发挥教育在培育和践行社会主义核心价值观方面的基础作用，帮助青少年扣好人生的第一粒扣子。党的十九大以来，中共中央、国务院先后印发《关于深化教育教学改革全面提高义务教育质量的意见》《深化新时代教育评价改革总体方案》等重要文件。学校办学的"守正"首要是深入学习习近平总书记关于教育的重要论述，全面贯彻党的教育方针，主动培育和践行社会主义核心价值观，立德树人、铸魂育人。

苏霍姆林斯基说，教育首先是人学，不了解孩子，不了解他的智力发展、思维、兴趣、爱好、才能、禀赋、倾向，就谈不上教育。学校办学的"守正"还体现为尊重差异，因材施教，为学生提供更多的选择；尊重常识，遵循规律，为学生提供适合的教育。本次研修，班建武博士带来的《当前师德建设中存在的问题及改进思路》让我获益匪浅。他认为"德育的重点是良好师生关系的构建"，他将柯尔伯格道德发展的"三水平六阶段"理论和心理学气质类型的划分相结合，强调教师要准确识别学生的身心特点和发展需要，将"爱心"与"爱能"相匹配。把握学生身心发展的规律，识别学生的需要，真诚友善地进行教育，这才是真正的师德能力。近几年，深圳教育大量引进新教师，因此师德能力建设至关重要。结合实际案例，加强班主任学、教育心理学、儿童发展心理学、课程与教学论的培训，才能夯实学校发展的"守正"之基。

二、创新：丰富学校转型的内涵

"创新"是对重复、简单方式的否定，强调更新、改变，创造新的东西。"世界上唯一不变的是变化。"进入新时代，中国社会的主要矛盾发生变化，教育面临新挑战，有了新要求。在不断变革的社会背景下，教育必须与时俱进，推陈出新。

在研修中，韩杰梅院长反复阐述的是：教育最为显著的价值就是助人！教育以何种姿态、何种能力、何种方式去帮助到每一个孩子，让他们有机会在教育中受益而不是被选拔和被筛选，就是我们当下一直追求和思考的时代命题。她以《重塑组织》为例，分析了学校转型的核心标志：构建可供学生选择的课程体系；建立以保障学生发展为中心的治理结构。这样的阐述让我豁然开朗，学校转型的这两个领域都有迫切需要解决的问题：怎样增强课堂教学的质效，使课堂教学从无效、低效迈向有效、高效；怎样建构课程体系，让课程成为学校的服务产品；怎样拥抱“互联网+”，实现教育教学的深度变革；怎样加强年级部管理的力量，确保学校管理的扁平高效；怎样激发青年教师的创造活力，确保课程研发的质量，牵一发动全身的关键问题则是师资培养，90后教师如何培养，如何激励，尤其值得研究。

好的管理须用问题做导向：问题发掘要准确；问题充分发掘之后，要持续地开展行动研究；在行动研究中不断优化方案，最终促进学校转型。总之，在研究的状态下“守正创新”，才能真正实现守正创新的辩证统一。

（本文是笔者参加深圳市教育局第3期“优培班”集中研修的心得体会）

心中有“人”，办出特色

2021年4月21日至30日，我参加了深圳市“优秀中学校长培养工程”第3期培训班赴北京的研修活动。先后到北京四中璞瑅学校、北京十一学校龙樾实验中学、中关村第三小学万柳北校区进行深度学习，考察空间布局，参观功能馆室，了解课程体系，感受办学特色，聆听专题报告。三所学校都是新办不久的学校，都是飞速发展的学校，都是特色鲜明、声誉鹊起的学校。这三所学校的成功经验值得借鉴。

一、感知三所学校独到的办学特色

近几年，我也走访了不少学校，总体的感觉是“千校一面”。这次到访的三所学校有共性，如小班额、大教室，有多样的活动、丰富的课程，且这几所学校地下空间充分利用，校领导理论功底扎实。但细细感知，三所学校又都形成了各自鲜明的办学特色。

北京四中璞瑅学校是由北京四中、黄城根小学共同承办的一所九年一贯制学校，这所学校最让人称道的是学校文化的再造。其在文化再造的过程中，既关注外显基因，如校徽、校训、校史、校服的设计，又提取隐性基因，如课堂、活动、细节、价值判断，还通过传承、融合与创新的实践模式，移植名校文化基因，形成“以人育人，化璞为瑅”的办学理念，让总校的精神气质弥漫在分校的校园中。

北京十一学校龙樾实验中学最让人向往的是学校课程的建设。我们首先参观了学校的个性拓展课程、特长开发课程的教室，发现其空间开阔、设施完善、展品琳琅满目。我想，这可能就是学校的理想形态。参观完毕，王海霞校长做了题为《课程建设是学校高质量和核心和保证》的讲座。国家课程如何转变为学生的课程？她认为要“顶天立地”。“顶天”是指对国家课程标准的落实、对学科素养的落地。在课程生本化的过程中，必须体现国家意志、素养逻辑和学生视角。“立地”即教学必须基于孩子的学情、不同的认知水平、学习内容、学习情境、学习方式等，这些是要根据实际情况时时求变的地方。

走进中关村第三小学万柳北校区，我感觉眼前一亮。学校借鉴福建土楼设计，呈C形。整个建筑地上高4层、地下2层，C形环抱的综合体坐北朝南。圆弧敞开的空间，地下为室内篮球馆等，地上为长200米的操场。这仅仅是为设计而设计吗？带着疑惑，聆听了《匠心筑校，大家三小》专题讲座，我这才恍然大悟：原来综合体的地上4层，每一层都是一所“校中校”。每一所“校中校”，由4个“班组群”组成。每一个班组群由南北通透的“三室一厅一卫”构成。3间教室连在一起，来自3个相邻年级的班级共同组成的一个学习群体。3间教室用活动隔断板隔开。平时3个班级既可以在各自的教室里学习，也可以根据需要，打开隔断板，2个或3个班级自由组合在一起，开展多样的真实的学习。总之，就是在改变传统学校空间的同时，使教师的教育方式、学生的学习方式也随之变化。

二、办学特色和“人”的发展相辅相成

无论是“文化再造”“课程建设”，还是“班组群”“校中校”，在走访观察过程中，我有一种感受越来越强烈：办学要始终做到心中有“人”；办学特色的形成和“人”的发展要相辅相成。

（一）办学理念凸显“人”

中关村第三小学万柳北校区的办学理念是“为了每一个人、需要每一个人、成就每一个人”。学校显眼的位置浮雕镂刻的是“人”字。为了使办学理念落地生根，学校提出“一个教师眼中有更多学生，一个学生受惠于更多教师”的设想，“班组群”“校中校”先后应运而生。在这所学校，“需要每一个人”不是一句空话，玻璃幕窗上有很多涂鸦的作品，并不精美，但每一个学

生都有展示的机会。

（二）课程建设培育“人”

北京十一学校龙樾实验中学基于核心素养和社会主义核心价值观，提出了“龙娃素养”。具体包括好搭档、梦想家、自我管理者、科学学习者、运动艺术双技能等7个方面，每个方面都有相应的课程支撑，这些课程交织形成课程体系，共同作用于“龙娃素养”的培育。从单项课程的设施来说，前移后续形成了完整的课程链条。以“陶艺课”为例，陶罐制作完成之后，后续的有作品布展、有网上拍卖、有海报设计等。北京四中璞瑅学校的德育课程很有特色，学校把九年分为四个阶段，每个阶段根据学生身心发展的特点，设置阶梯式的培养目标。一年级侧重身份认同、规则意识；二年级至四年级侧重重视基础、培养习惯；五年级至七年级侧重方法态度、思维品质；八年级至九年级侧重爱国情怀、迎接挑战。通过各有侧重的德育课程设计，达到培育“人”的目标。

（三）活动设计紧扣“人”

很多学校都有足球或篮球联赛，在北京四中璞瑅学校一楼，我看到了一个展示该校足球联赛的活动剪影，布展的都是学生的作品，有手拍足球赛精彩花絮，有手绘足球小将的漫画，还有手写咏足球小将的诗歌……一场足球赛，参赛的学生毕竟是少数，怎样才能让学生都能参与其中呢？北京四中璞瑅学校的活动设计紧扣“人”，关注全体、全员参与，值得学习。

（四）细节之处关照“人”

过去也参观了一些学校，老实说，其中的很多特色是做出来给人看的，物件摆放整整齐齐，学生并不用或很少用。橱窗展示的宣传海报，都是喷绘出来的，照片可能都是教师自己挑选的，学生并未参与其中。这种做出来的特色没有真正“以生为本”。在中关村第三小学万柳北校区，我几乎没有看到喷绘的宣传海报，直接展示学生手绘、手写、手作的成果。在北京十一学校龙樾实验中学，我惊喜地发现展览墙上的照片是可以更换的，上下用木质的卡子固定，横向可以抽拉，这样的展览才是真正流动的展览。最让我印象深刻的是北京四中璞瑅学校创校六周年巨幅拼图，名为“雕琢的时光”。拼图长3米，宽2米，由6000张照片组成，每个学生都参与其中，共同拼成学校的校徽，且背面有每一位师生的签名。我想，这将是学生难忘的回忆，也是学校宝贵的珍藏。

学校深度学习结束之后，重新整理学习笔记，我惊奇地发现，3位校长都曾提到：相信教师，给教师自由，让教师干自己想干的事情，激发教师的创造活力。我想，这应该是三所学校能在短时间内就形成办学特色的根本原因。

（本文是笔者参加深圳市教育局第3期“优培班”的深度学习报告）

学校管理的五个“关键词”

2021年9月22日至30日，我参加了深圳市“优秀中学校长培养工程”第3期培训班赴青岛的研修活动。本次研修活动的主题是“未来教育的探索与展望”。我现场聆听了多位专家的讲座，在讲座中，各位专家都谈及了“学校管理”的相关问题。专家的金玉良言引发了我的一些思考，我整理归纳，提炼出学校管理的五个“关键词”。

一、行政管理重在“授权”

柴清林院长主讲《学校管理的思考与实践》。在讲座中，他开宗明义地指出：“领导者必须学会授权，领导不是将所有的权力抓在手里。一个高效率的领导应该把精力集中到少数最重要的工作中去。人的精力有限，只有集中精力才可能出成果。有些事情应该让下属去做决定。”如果事无巨细都亲自安排，就会导致上级安排什么事情，下属就做什么事情，不越雷池，不求进步。

什么是授权？授权是组织运作的关键，它是以人为对象，将完成某项工作所必需的用人、用钱、做事、协调等权力授给部属人员。授权是领导者通过为员工和下属提供更多的自主权，以达到组织目标的过程。怎样授权呢？要选好人才，视能授权，把合适的人用在合适的岗位上；要授之以权，负之以责，明责授权，授权要以责任为前提，授权的同时使下属明确自己的责任范围和权限范围，授权既要信任，又不放任。授权有三戒：不敢授权，对自己缺乏信心；授权不到位，对下属缺乏信心；授权过了头，对事业缺乏责任心。授权的前提是职责明确，授权的关键是将权力、责任和利益等均衡分配，基于责任所做的权力和利益的分配，是最合适的授权行为。

汪正贵校长主讲的是《学校组织结构如何为基层赋能》。他特别强调向下赋能，向下赋能的前提是向下授权。他以自身的经历和感悟为例，指出："如果天天事事都等着校长来批准，学校哪会有活力呀？"他强调"让听见炮火的人指挥战斗"，对最有可能出效益的地方充分授权，对离学生最近的地方充分授权，而这样的地方在学校就是年级、科组和班级。因此，他认为要调整学校组织结构，减少管理层次，增加领导跨度，使之扁平化，从而组织所有资源为学生成长服务。

井光进局长主讲《高质量背景下构建现代教育治理体系探索》。近年来，潍坊市教育局进行了14项国家教育改革的项目。他深入阐述了潍坊市教育局的"五大引领策略"和"三大推进路径"。他引用《邓小平文选》中"调动积极性，权力下放是最重要的内容，调动积极性是最大的民主"一句指出，潍坊教育改革成绩显著，关键在于尊重校长，扩大校长的办学自主权。一位好校长就是一所好学校，潍坊市教育局的重要工作就是选校长、用校长、激励校长，让有情怀、懂教育、会管理的校长去办学。他认为，校长作为学校改革发展的带头人，主要工作应该是"规划和监督"，要不断提高与完善规划学校发展、营造育人文化、领导课程教学、引领教师成长、优化学校内部管理和调适学校外部环境等方面的能力。这让我想起了曹衍清校长在《一个教育行者的想象》中所说的一句话，"校长是掌舵的，不能混到划船的队伍中去"。曹衍清校长也非常重视学期工作计划的制订，他深入思量，征求意见，几易其稿，修订完善之后，面向全体教师宣讲布置。整个学期间，他每天都会和教师、学生聊天，了解计划执行的情况。曹衍清校长善于授权，通过授权来"管大事、管正事、管远事"。

二、教学管理重在"落实"

梁峰校长着重阐述他对"教学领导力"的理解。他认为，校长领导力主要是团结带领团队达到预期目标的能力。好校长首先是好教师、好的教研专家。教学是课程改革的核心、学校管理的重心、学校的生命线。懂教学是校长树立权威的第一要素，校长重视教学是务正业。

梁峰校长先后创建了山东魏桥实验学校和天津普育学校。天津普育学校因战火焚毁，2009年重建。短短五年，两所学校都从老百姓并不认可的新办学校，跻身到当地教育前列的品牌学校。其中起决定作用的是梁峰校长卓越的教学领导力。在他的讲述中，我感受最深的就是——教学管理重在"落实"，这种落实主要体现在以下三个方面：

1. 教学常规抓得落实

备、教、批、复、考，都有明确的要求、持续的跟进、及时的评价、有效的反馈。

2. 教研体系职责落实

备课组教研、学科组教研、学校教研，各自开展什么研讨活动，有什么要求，提交什么成果，达到什么效果，其标准都具体明确。

3. 深入课堂听课扎实

只要在学校，梁峰校长上午7：30—12：00雷打不动地只用来听课。一学年听课350节至400节。这么多年来，梁峰校长最珍视的就是那一摞越来越厚的听课笔记。"校长应该深入课堂听课，参与教研，提高教学领导力。"梁峰校长总结说，"在课堂上，可以找到学校管理问题和解决策略，可以拉近与师生之间的距离。"

教学管理的"落实"还体现在"集体备课"。一般来说，集体备课很容易演变成为"任务领取"和"集体偷懒"。梁峰校长把研读课标和教材作为教师专业提升的关键，明确提出"备课四维"，即"为什么教+教什么+怎么教+教得怎么样"，要求集体备课后，提交"知识树"，从而打通"课标—教材—考点—教学"四个点，整个学校以集体备课为抓手，全力以赴建立起教学资源库。

三、教师管理重在"激励"

良好的士气是要在激励的土壤中滋生的。激励，即激发组织内部成员的积极性与主动性。每个人都有其比较偏重的追求目标，要想取得理想有效的激励作用，必须了解组织内部成员的真正需求，进而进行有效的激励。学校是"知识分子”会集的地方，一般来说，“知识分子”的特点是自我意识强，比较爱面子；有独立思考能力，喜欢批评现状；有批判反抗精神，不喜欢被约束。于漪老师认为：“教育的力量在于教师的成长，而教师成长的根本在于深度的内心觉醒！”这些特点决定了教师管理要少“控制”，多“激励”。

“激励”包括以下五点内容：

1. 尊重

“你需要别人怎么对待你，你就怎样对待别人。”

2. 沟通

柴清林院长认为：“管理中50%的问题是沟通不够造成的，50%的管理问题需要沟通去解决，管理者50%的时间应该用于沟通。”沟通的最好方式是聊天，跟学生聊、跟教师聊、跟中层干部聊，用放松的聊天方式来倾听心声、理解诉求、了解愿望。在聊天中，描绘自己的梦想，阐述明确的目标，把大家的力量凝聚到共同的愿景上。

3. 采纳

几乎所有有能力的人都需要自己的建议被倾听并获得采纳运用。“建一所众筹的学校，让师生可以自豪地说：这学校有我的创意！”

4. 分享

教师专业发展最重要的驱动点是分享，在分享和沟通中，发现教师工作中的闪光点，鼓励教师深入研究，并创设平台让教师进行分享展示。

5. 赞美

教师在工作中同样需要得到赞美和认可。但遗憾的是，很多学校管理者“教而优则仕”，常常用挑剔的眼光看待同行的工作，更遑论赞美。事实上，赞美的力量是巨大而神奇的。管理者给予的重视度和信任感可以使教师更有自信与激情，教师也会针对管理者的赞美给予回报——更加积极、主动工作，从而形成良好的工作氛围。

四、学生管理重在“唤醒”

柴清林院长认为基础教育要有“三大意识”：基础教育是为未来奠基的教

育；基础教育是为个体开启生存能力的教育；基础教育是建构终身学习能力的教育。苏霍姆林斯基说：“我深信，只有能够激发学生进行自我教育的教育，才是真正的教育。”因此，学生管理重在“唤醒”，唤醒学生进行自我教育的意识。

“唤醒”的前提是“发现”，发现学生的天性禀赋。习近平总书记指出：“好老师一定要平等对待每一个学生，尊重学生的个性，理解学生的情感，包容学生的缺点和不足，善于发现每一个学生的长处和闪光点。”每个孩子都是一个潜在的天才儿童，只是经常表现为不同形式。要充分认识到不同的儿童在不同的科目有不同的能力。这种“发现”体现在课程的高选择性上，正如《青岛中学办学大纲》中所说，学校视课程为学校产品，通过课程为学生成长提供服务。我们将以七分的等待，三分的唤醒，帮助学生发展自己、唤醒自己，并最终成为自己。

“唤醒”的诀窍是“交流”，要拓展师生交流的时空。学校的本意是人与人的交流、情感与情感的沟通、生命与生命的对话，让学校成为学生值得回忆和回味的地方。交流、沟通、对话，多数发生在一线教师（班主任、科任教师）和学生之间。因此，汪正贵校长反复强调：“把时间还给教师，把教师还给学生。”为了保证师生交流的时空，青岛中学从“全人教育”“个别化教育”“受喜爱程度”等方面对师生关系进行评价，确保师生高质量交流。

“唤醒”的关键是“帮助”，为学生成长提供必要帮助。韩杰梅院长提出：“研究学生，研究学习，以科学而温暖的方式帮助孩子学会学习，是教育对孩子一生最大的善意。”青岛中学主张“组织所有可能的资源为学生成长服务”，成立学生成长责任中心，在深入把握学生认知和身心成长规律的基础上，从“学业规划、职业规划、心理疏导、人际交往”等方面为学生提供专业的指导和帮助。

五、自我管理重在“修炼”

管理的基础是人的自我管理。管理者管人之前先管好自己，领导者要加强自身修炼，用典范形象影响下属，达到“不管而管”。

《管理的常识》一书指出：“作为管理职能，领导借助于影响力发挥作用而非职位，影响力由两部分构成：第一是权力，第二是个人魅力。”管理者怎样修炼个人魅力呢？书中从外貌、类似性、好感回报、知识、能力五个方面进行阐述。

1. 外貌

只要面对公众，就需要非常认真地整理自己的仪表，给人留下认真、整洁的印象。

2. 类似性

真正的领导者都是融入群体而获得认同的，所以一定要修炼自己，不要追求在任何场合下都证明自己是正确的，而是在尽可能的条件下帮助周围的人做出正确的判断和选择，当大家一起选择正确的时候，正向的影响力自然产生，而管理者也会得到赞赏和爱戴。

3. 好感回报

“你想别人对你如何，首先看你对别人如何。”管理者需要先付出，之后人们会回报你、追随你，使你获得领导力。

4. 知识

具有知识一定可以具有魅力，管理者既要有专业知识，也要有生活知识。

5. 能力

解决问题的能力尤其重要，如果不能够解决问题，就不可能产生魅力，而且更重要的是做到“做能做之事”。真正成熟的管理者知道怎么样把问题交给更合适的人来解决，而不是自己解决所有的问题，这样管理者的魅力才能得以彰显。

“管人理事”是大部分人对于管理的理解，事实上，人是无法管理的，从人性的角度来看，每一个人都希望得到尊重而不是管理。如果管理者只关心人的态度和表现，并没有清晰地界定必须要做的事情以及做事的标准，其管理将无法评定或控制结果。因此，管理的核心是“界定事”和“激活人”。文中提及五个关键词：“授权”“落实”是“界定事”；“激励”“唤醒”是“激活人”；“修炼”是管理者的自我管理。它们各有侧重，但相辅相成。

学校管理是一门学问，它不仅需要管理者具有丰富的管理知识，更需要管理者在管理实践中，理论联系实际，不断总结反思，从而提升管理者“界定事”和“激活人”的能力。

参考文献

[1] 李希贵. 学校如何运转 [M]. 北京：教育科学出版社，2019.
[2] 曹衍清. 一个教育行者的想象 [M]. 北京：人民教育出版社，2006.
[3] 托德·威特克尔，贝丝·威特克尔，戴勒·兰帕. 如何调动和激励教师 [M]. 田丽，王淑花，译. 北京：中国青年出版社，2007.
[4] 德鲁克. 卓有成效的管理者 [M]. 许是祥，译. 北京：机械工业出版社，2021.

（本文是笔者参加深圳市教育局第3期“优培班”集中研修的心得体会）

办学要发扬“钉钉子精神”

2021年9月22日至30日，我们“优培班”学员一行先后参观考察了青岛中学、青岛实验学校、青岛市崂山区育才学校、青岛市启元学校等多所优质品牌学校。我们依据班主任周璇老师所提出的学校观察工具——“魂”“骨”“肉”“色”，先实地察看校园环境，感受校园文化、体悟办学特色，再座谈交流，了解学校办学理念，听取学校组织变革、课程建设、教师培训等方面的经验介绍……此行，我最大的感受是这些学校办学都很扎实，我感悟到：办学要发扬“钉钉子精神”！

“钉钉子精神”是2013年两会期间，习近平总书记在参加上海代表团审议时，以朴素的话语提出的一个意蕴深远的命题：“钉钉子往往不是一锤子就能钉好的，而是要一锤一锤接着敲，才能把钉子钉实钉牢，钉牢一颗再打下一颗，不断钉下去，必然大有成效。干事业何尝不也是如此？一个单位、一个地区面貌的改变，并非一朝一夕之功，而需沿着正确的目标久久为功、持之以恒。”

一、打造学校办学特色要发扬“钉钉子精神”

青岛市崂山区育才学校是一所九年一贯制学校，创办于2013年，创校校长崔仁波是“齐鲁名校长”。在他的带领下，这所建校仅8年、教师平均年龄32岁的新办学校迅速崛起。由建校初的48个班递增到84个教学班，普高升学率一跃成为崂山教育的第一名。

在学生讲解员的引导下，我们饶有兴致地参观了桂花园、种植园、美术馆、书法馆、革命传统教育长廊、非遗文化博物馆等校内设施和景观。学校每一处廊道、每一面墙壁的设计都别出心裁。座谈中，崔仁波校长结合自身经历，重点阐述了学校办学理念、培养目标提出的原因及举措。他真诚质朴的话语让我获益良多，持之以恒的精神让我钦佩不已。

（一）崂山区育才学校持续推进“托底培优”的策略

崔仁波校长有25年的治校经历，经历了若干教育改革，让他最心痛的是“好的教育资源都用在尖子生身上，对后进生的关注度不足”。师者仁心，因材施教，真正的教育是不放弃任何一个孩子。因此，他提出“为每一个学生提供适合的教育，让每一个孩子幸福快乐成长”的办学理念；提出“托底培优”的教学策略，关注每一个学生，不放弃任何一个学生，使理念和策略扎根在每一个崂山育才人心中，并成为切实可行的行动。

1. 课堂提问

课堂教学重心下移，三分之二的提问放给中下游学生。

2. 作业布置

作业布置分层分类，分为A类创新挑战型、B类难度适中型、C类基础知识型三大类，以满足不同学生的需求。

3. 课后辅导

在每天课堂反馈中，当有学生出现不懂不会时，学生导师在课间或放学后单独辅导。

4. 导师育人

实施全员导师、指标到人，全体教师每周要关心四名“学困生”，每学期要重点帮助一名“学困生”。持续的“托底培优”，充分调动起每一名学生的积极性，推动了师生整体前进的步伐。

（二）崂山区育才学校持续打造“日记教育”的特色

崔仁波校长带头写日记，既有日常工作中的随感随想，也有外出学习的业务笔记，他的日记本积累了高高一摞。在他的引领下，教师普遍撰写教育教学反思日记、学生写成长日记、家长写陪伴日记。学校开辟了“忆墨长廊”，前半部分是“日记博物馆”，陈列着古今中外的知名日记，如安妮的《安妮日记》、鲁迅的《马上日记》、冰心的《冰心日记》，后半部分是师生家长手写日记的展示。日记已成为崂山育才人岁月的百宝箱、灵魂的伴侣和人生的密友。后来，该校还成功举办全国日记教育现场会，成为全国特色教育的成功典范。

二、推进学校整体变革要发扬“钉钉子精神”

青岛市启元学校是青岛市第一所“原生态”意义的九年一贯制学校。自2013年9月开办至2021年，短短八年间从最初的123名学生发展到2021年的66个教学班2858名学生。面对办学规模迅猛扩张，周韫铁校长推进学校整体变革，近年来，教学质量成效显著，中考普高达线人数不断攀升，呈现出规模和质量同步提速的发展状态。2021年9月28日下午，她带来了《谋定而后动：探寻九年一贯制学校一体化实践新样态》主题讲座，给人启发，引人深思。

（一）学校问题诊断要“深入分析”

发挥九年一贯制学制优势，提高学校办学效益，必须找准发展方向，确定发展任务，破解发展问题。树立问题导向是理性思考学校办学改进的首要基础，为此，周韫铁校长下了一番深入研究的功夫。她先进行文献研究，梳理九年一贯制学校存在的普遍问题，再结合本校办学实际，诊断得出学校办学的真实问题，如组织结构的权利消解、管理效能的局部偏离，师资融通的壁垒未破、“初小衔接”简单随意、班额激增的办学压力，等等。如果单单是周韫铁校长一个人发现了问题，凭一已之力推进学校变革，必然会遇到极大的阻力。周校长特别智慧，她推荐学校管理干部深入学习《学校如何运转》一书，然后对照整理出本校的组织结构图。经过学习梳理，管理干部一致认为组织结构有交叉、重叠、空白，导致学校管理工作事倍功半，并达成共识——确定“扁平化+矩阵式”的组织结构。由此，青岛市启元学校的现代学校制度建设得以顺利推进。

（二）学生培养目标要“深入延伸”

培养什么人，是教育的首要问题。周韫铁校长结合学校实际深入追问：青岛市启元学校要培养什么样的人？九年一贯制学校要培养什么样的人？结合“中国学生发展核心素养”和《关于深化教育体制机制改革的意见》中对“学生关键能力"的要求，该校提出"为学生适应学校和社会生活，接受高中教育和未来更好发展打下基础"的育人目标。围绕这一育人目标，"深入延伸"构建课程体系：按照"基础性课程""拓展性课程""个体性课程"三个层次，围绕"身心健康""慧学善思""沟通合作""问题解决""技术运用"五个领域，依据各年级学生身心发展规律，实施梯度培养，构建"成长+"课程体系，从而实现了培养目标和课程体系的上下贯通，实现了相邻年级的紧密衔接和育人质量的螺旋上升，使学生始终处于动态发展的进程之中。

三、构建学校课程体系要发扬"钉钉子精神"

9月25日，我们来到为探索非营利k–12教育模式而诞生的青岛中学。青岛中学由李希贵校长创办，包括三个部分：一是与北京十一学校合作进行的混合制办学的青岛中学；二是九年一贯制的公办学校青岛实验学校；三是公办幼儿园。青岛中学把建设一所与世界对话、全球一流的中国式学校的理想贯穿在办学始终。

如果说青岛市崂山区育才学校是传统意义上的好学校，青岛市启元学校是正在进行整体变革的好学校，那么青岛中学就是整体变革完成后正在向"未知领域"进行探索的未来学校。青岛中学让我感受最深的就是，该校在课程体系的构建上，持续发力，久久为功：①明确课程是核心产品。青岛中学以"学生培养目标"为圆心，围绕"学生培养目标"开发课程，通过课程为学生成长提供服务。②明确课程开发原则。课程要符合学生认知规律、身心成长规律，满足学生个性化学习需求和升学需求。③构建课程体系。分学科课程、跨学科课程、分类综合课程。④进行课程开发。教师要拟定每一门课程的目的、内容、结构、实施和评价。⑤进行教学组织。修订《课程手册》，制订开课计划、排课、选课指导、选修课体验，制定"一生一课表"，进行选课走班。青岛中学从"培养目标"这一原点出发，构建课程体系，随着学校发展和年级增多，不断推进、修订、完善，连点成线再成面，这种钉钉子精神值得我们学习。

发扬"钉钉子精神"，首要的是"定点"要准，即钉子钉的位置要正确，要做正确的、有价值的事情。怎样确保"定点"准确呢？我有三点感悟：①符合党的教育方针政策，顺应教育发展趋势。青岛中学从课程的反馈评价入手，研究有效作业的要素和策略，在“双减”政策出台之前，已经进行了卓有成效的探索。②符合立德树人的根本任务，坚持五育并举。例如，青岛市崂山区育才学校建校之初，从农村走出来的崔仁波校长就认识到生活在城市的师生更需要融入自然，获取自然赋予的灵性，于是他就规划了种植园，走在“劳动教育”的前列。③符合基础教育特点规律，为终身学习奠基。例如，青岛市启元学校持续开展“主题悦读”工程，全面推进大阅读活动。不仅语文课要阅读，其他学科也依据学科特点引导学生阅读。学生每日朗读、每天诵读、每周阅读，并利用午读或班会时间，轮流进行好书推荐，提高学生读书兴趣，使学生养成了很好的阅读习惯。

党的十八大以来，国家大力推进教育公平，注重教育发展从量的增长向质的提升转变，推进教育内涵高质量发展。习近平总书记多次强调，要努力让每个孩子都能享有公平而有质量的教育。学校管理者要深入学习党的方针政策，把握教育发展趋势，精心谋划学校发展，发扬“钉钉子精神”，持续、深入、久久为功，善作善成，为教育高质量发展做出自己应有的贡献。

（本文是笔者参加深圳市教育局第3期“优培班”的深度学习报告）

后 记

“务学不如务求师”

在熟识的同事和朋友看来，我的专业发展之路走得扎实平稳；在我自己看来，我也觉得自己一路走来十分幸运。却顾所来径，萦绕在耳畔的声声话语，浮现在脑海的幕幕场景，最难忘的是恩师的指导和点拨。

一、初登讲台

2007年夏，我硕士研究生毕业入职深圳市公明实验学校，担任七（3）班班主任，任教七（3）、七（4）班语文。当时我真不知道这初一的课文该怎么教！上大学以来，我接触的都是在宏大的历史沿革和时代背景下，了解文学发展的进程、文学思潮的演化、文学流派的产生，评述重要作家、作品的地位和作用，等等，而对一部小说、一篇散文、一首诗歌，怎样进行文本解读、文本细读，我了解得很少，实践得更是不够。因此，初登讲台，面对短小浅显的课文，我往往对篇章结构、写作技巧一讲而过之后，就开始“跑题”，高谈文坛逸事，推介作家作品，勾连新闻热点……学生听着觉得十分过瘾，我也很享受这种自我陶醉的状态。

第三周，新教师上汇报课，我上的是《第一次真好》。课上得很差，老师们评课时倒也留了情面，先讲优点再说缺点，缺点主要在于“教师以自我为中心，没有激发学生主体意识，师生互动、生生互动缺失”。还有老师指出：“教学不严谨，‘具体而微’出自《孟子·公孙丑上》，而不是《孟子·告子上》，出现了知识性的硬伤。”听到这句话，我脸红了，但更让我脸红的，是几天后，我偶然听到的那句——“研究生也不过如此啊！”

这句话刺痛了我，也激励了我！我下定决心要在教学上狠下一番功夫。怎么下功夫？一方面，我参加学校“青蓝工程、师徒结对”，虚心向校内师父郭琼老师学习，掌握课堂教学常规。另一方面，像写毕业论文做文献综述一样，先大量地读名家课例。我从深圳书城搜罗了《听王荣生教授评课》《语文教育研究大系（中学教学卷）》以及原教育部师范教育司组编的“教育家成长丛书”等书籍。不仅读课例，对于特别经典的课例，如于漪先生的《春》、钱梦龙先生的《死海不死》、宁鸿彬先生的《皇帝的新装》等，我都认认真真抄写了一遍。在读课例的基础上，我逐渐认识到，要通过提升文本解读、教学设计、循循善诱、感染学生四种能力，促进专业发展。于是，我开始有意识地从这四个方面对课例的精妙之处进行分类梳理，申报立项区级重点课题“初中语文课堂提问的有效切入”。下这样的功夫，为我的课堂教学打下了良好的基础。

二、拜师学艺

2008年10月16日下午第一节，是我的语文课，上《爱莲说》。课开始不久，从后门进来了两个人——邱世和校长和一位穿着格子衬衣的陌生男子。我有点紧张，学生留意到校长过来听课，倒很兴奋，回答问题比平时要踊跃。下课后，我们在走廊寒暄了几句。邱校长介绍说：“这是刚到任的区教研员刘小华老师，今天过来听课调研。”刘老师接着就说：“游老师辛苦了，课上得很好！”然后，他们就离开了。后来，在全区语文教师培训会上，刘老师特别提到我的这节《爱莲说》，他说，很多老师只是告诉学生，“独”是“唯独、只”的意思，可游老师引领学生回到文本，反复揣摩“晋陶渊明独爱菊”“予独爱”中“独”的不同意蕴；很多老师只是告诉学生，这是“托物言志”的写法，作者以莲自况，可游老师却用“荷尽已无擎雨盖，菊残犹有傲霜枝”来激发学生进一步的思考。

2010年秋，广东省举行初中文言文阅读教学优秀课例观摩活动。区、市相继举行教学大赛，我区赛以课例《满井游记》第一名出线。市赛地点在深圳实验学校中学部，提前一天抽签，上的是《醉翁亭记》。抽签回来，我和刘老师两人封闭备课，敲定好教学设计，做好课件时，已是深夜。赛课当天，刘老师要当评委，我是下午第二节上课。临别前，刘老师反复安慰、再三叮嘱。轮到我上场了，地域的偏僻限制了我对学情的想象。学生思维之活跃，回答之灵动，让我迷失其中，旁逸斜出的内容生成得太多，等计时的铃声响起，我才回过神来，设计中最出彩的地方没时间展示了。没有比这更让人懊恼的了！等我走下赛场，刘老师心有不甘地看看我，然后安慰我说：“上得还是不错的！”

结果自然是很遗憾的，我第五名，得了二等奖。但刘老师竭力为我争取到了参加“广东省初中文言文教学设计专题研修班”的机会，刘老师自己也报名参加了这次东莞常平的研修班。午餐前，刘老师带着我走到省教研员冯善亮老师面前，他先自我介绍，然后拿出我的读书笔记诚恳地推荐。研修结束前，作为小组长，我要代表小组发言，刘老师又帮着我反复推敲稿子，他还为我的发言稿拟定了一个很好的名字——“常平之行不平常”。这次常平之行确实不平常，因为参加了这次研修班，我结识了很多省内优秀的青年教师。深圳的向浩、李珊珊，佛山的陈辉霞，广州的汪洋后来都给了我极大的帮助。

我终于明白刘老师报名参加研修班的良苦用心了。返程的路上，刘老师很是遗憾，他说起冯老师认为要尊重市里赛课的结果，他还说起自己当年参加第四届“语文报杯”全国中青年教师课堂教学大赛，执教《白马篇》的经历。研修结束，全省15名选手角逐，产生出8个省一等奖，我的教学课例获评二等奖，这是很好的成绩了！

在这次赛课的过程中，刘老师的人品、学识让我由衷地钦佩，拜他为师的念头油然而生。我请邱世和校长牵线、举行拜师仪式，正式拜他为师。刘小华老师为人平易谦和，拜师十年来，我不曾听到他说起过任何人的不是，每提及身边的语文同人，他都指引我去看这些名师教学、治学的过人之处，这对我影响至深！刘小华老师先后获评特级教师、广东省名教师工作室主持人，正高级教师。外出交流研讨时，每遇合适的机会，他总会带上我。我上一节课，他做一个讲座，或他上午登台，我下午上课。这样的历练，推动着我向前走。

2014年秋，光明新区实验学校启动“骨干教师跟岗培训”项目。南山区初中语文教研员姜东瑞老师荣休之后，应原南山区教科研中心禹明主任之邀，担任本项目语文学科导师，跟岗指导三个徒弟，我通过了校内选拔，开始了第一期的跟岗培训。

姜老师是特级教师、宁鸿彬先生的弟子。生活中，姜老师温柔温润，可一到听评课现场，就充满激情。她总能从课堂教学的细节中发掘出生成的“富矿”。每次评课她都深挖一个点、阐释一个点、讲透一个点。多次评课的内容最终会形成一个系列，点面结合，非常巧妙。她敏锐地发现我们课堂观察标准不清、方法不明。于是专门开设讲座——《一堂好课的标准》和《课堂观察与教师专业成长》。然后手把手地教我们怎样做好听课前的准备、听课时的选择、听课后的交流；教我们带着明确的目的、选择合适的维度和技术来分析教学行为。姜老师对我影响最深的地方是她对学生无微不至的体察和关照。她常常引用苏霍姆林斯基的话来影响我们：“要使孩子的心同我讲的话发生共鸣，我自身就需要同孩子的心弦对准音调。”

三、得遇伯乐

2010年12月中旬，我接到冯善亮老师的电话。他说《语文学习》约稿，写一篇《罗布泊，消逝的仙湖》教材解读与教学设计，看我能不能写一写。我求之不得，欣喜不已！稿子写出来，发表在《语文学习》2011年增刊上，这是我入职以来发表的第一篇文字。稿子写出来了，课上得怎么样呢？带着这样的疑问，2011年4月21日，冯老师专程从广州过来听我上课。时至今日，我仍然记得冯老师评课时所说的一段话：“游老师文本解读很深入，他把自己觉得很重要的、需要讲解的内容用一连串的问题引发出来，师生一问一答，这实际上还是老师自己在解读课文，要思考怎样从学生学的角度来进行教学设计，安排教学活动。”此后，他陆续向我推荐《学习论》《有效教学》等书目，还帮我修改审定、推荐发表《寻找图形板书的创意点——由〈语文学习〉封二板书设计引发的思考》《分析小说主题不能“贴标签”》《如何“用教材教”——以〈第一次真好〉备课为例》等多篇教研论文。

2015年4月，冯老师在教师QQ群征集写作微课程。那时我正在着力解决学生常用抽象词语概述心理的问题。我赶紧把自己的实践和反思进行梳理总结，形成文稿提交。他提出意见并以“具体地表现人物心理”为题推荐发表。因为这篇文章的缘故，他知道我在进行写作教学实践，于是就给我机会，选派我去河源龙川执教写后指导课。他的要求是：当地学生写完作文寄给我，我批阅作文进行诊断，然后依据学情，选点设计写后指导课。到了当地，我先听当地教师的课，和当地骨干教师一起交流研讨，帮当地执教教师修改设计，第二天，面向全体教师进行同课异构教研活动。

上课的前一天，冯老师看了我的教学设计对我说：“是不是先问问作者，这件事是不是真的？如果是真的，可不可以让他先把这件事情讲一讲，在他讲的过程中，师生一起去发现哪些地方没有讲清楚？”当时我还顾虑这样会不会浪费时间。可谁知，此竟是这堂课最大的亮点。作者讲述自己的故事，听众反馈哪些地方没讲清楚，这不仅不耽误时间，反而让后面的修改升格水到渠成。这节“唤醒还原，选点描写”作文课获得了听课老师的好评，冯老师也认为：“这堂课唤醒了学生的生活体验，学生真正卷入到学习活动之中，或多或少都得到了提高。”

集中研讨时，授课老师先说课，轮到我时，我说：“学生作文存在两个问题，一是叙事空泛，一是选材狭窄，这节课我着重解决第一个问题。”听了我的话，冯老师接话说：“那明年3月，全省的初三复习研讨会，你就来解决第二个问题吧。”故事有了续集，我执教的是《唤醒体验，精选素材》。

2016年4月，冯老师带领研究团队到湖北荆州参加第二届“三新”作文教学研讨会。返程时，他和我聊起了“基于问题解决的写作教学新思路”。回深圳之后，我在知网上下载他的论文，深入研读。在他的指导之下，我立项了广东省青年教师小课题“基于问题解决的初中记叙文写作微课程开发”，开始了写作教学研究。

如果说过去我还带着浮躁和功利进行教学研究的话，那么，与冯老师交往，让我的心逐渐沉静下来。冯老师生活朴素、性格朴实、语言平实。他的文字平白如话，没有飞扬的文采，没有雕琢的匠意。但是读着读着，你就能感到文字的背后，是扎扎实实在研究，认认真真在做事。潜移默化之中，我渐渐地沉下心来，通过批阅作文、访谈学生，一点一点地去发现问题、解决问题。

四、专攻作文

2017年10月，冯老师召集“初中语文学教评一体化”课题组在河源进行集中研讨。我遇见广州市汇景实验学校的汪洋老师。七年前，我们同是“广东省初中文言文教学设计专题研修班”的学员。七年间，他在文本解读方面硕果累累，出版专著《超越初感——初中经典文本解读与教学策略》，《超越初感——例谈经典散文教学策略》被人大复印资料《初中语文教与学》全文转载。七年后，再次相遇，又走到了同一个团队，我们都感慨不已。秋月夜，烧烤摊，谈起他的教研，他笃定地说，人的精力有限，选定文本解读这个点，就发扬“钉钉子”的精神来做。解读一篇课文，从知网上下载300篇研究论文，初步筛选出100多篇，然后逐篇细读，再写下近3万字的读书笔记。听他一席话，钦佩、震撼、豁然开朗，多种感受在我的心里交汇。夜深人静，我下定决心：专攻基于问题解决的写后指导课。回到学校以后，每逢公开课，我就只上写后指导课。

通过习作诊断，我发现：从小学到初中，很多学生都喜欢用“半夜生病，爸爸不在家，妈妈送我去医院”的素材。我认为这就是假作文，要“打假”。和冯老师交流，他则认为：“孩子们从小到大，生病在所难免。生活是真的，为什么写出来却是假的呢？不能简单地说这就是假作文，背后的原因是什么？很值得研究。”这样的点拨给了我启发。我开始访谈学生追问原因，开展“说说我最难忘的一次生病”“听爸爸妈妈讲我生病那些事儿”系列活动，教学设计拿出来之后，冯老师又来到学校听课指导。2018年4月，第四届“三新”作文研讨会在南京宁海中学举行，我以“一病写‘真’情”为题，执教写后指导课。这节课以“半夜生病，妈妈送我去医院”为引子，剖析“失真、少情”的症候，唤醒学生生病时独特的生命体验，搭建“病情、心情、感情”三个写作支架，指导学生写真事，抒真情。这堂写后指导课，获得了与会老师的好评。

2019年11月，因冯老师的推荐，我受省中语会的委派，在中南六省（区）作文教学展示活动中，执教写作课“把一件事写具体”。2020年，我申报立项了广东省教育研究院初中语文专项课题“基于问题解决的初中生写后指导实践研究”。2021年5月，我成为广东省中小学“百千万人才培养工程”初中文科名教师培养对象，在这里我幸运地遇见了造诣深厚的导师和才华横溢的同学。2022年2月，我获评深圳市名教师、深圳市中小学名教师工作室主持人。就像我的老师对我一样，我也用心地带着26位青年教师，在写作教学研究之路上孜孜前行。

“师哉，师哉，桐子之命也。务学不如务求师。师者，人之模范也。”我不厌其烦地回顾和恩师的交往过程，不是为了致谢，更不是为了“炫耀”，而是因为“却顾所来径”，我越发感受到：“与光明俊伟的人同行”，对青年教师的成长特别重要！只要做人“实”、待人“真”、做事“勤”，则一路风景！